PONS

Wörterbuch der Jugendsprache

Deutsch – Englisch/Französisch/Spanisch

von Schülerinnen und Schülern
aus ganz Deutschland

Ernst Klett Sprachen GmbH
Barcelona-Belgrad-Budapest-Ljubljana-London-Posen-Prag-Sofia-Stuttgart-Zagreb

PONS
Wörterbuch der Jugendsprache
Deutsch-Englisch/Französisch/Spanisch

Englische Übersetzung: Susanne Resch, Wilmering
Amerikanische Übersetzung: Andrew Buttler, PhD, Atlanta Georgia, USA
Französische Übersetzung: Frédéric Auvrai, Stuttgart
Spanische Übersetzung: Carmen de Miguel, Saarbrücken

Warenzeichen
Wörter, die unseres Wissens eingetragene Warenzeichen darstellen, sind als solche gekennzeichnet. Es ist jedoch zu beachten, dass weder das Vorhandensein noch das Fehlen derartiger Kennzeichnungen die Rechtslage hinsichtlich eingetragener Warenzeichen berührt.

Auflage A1 2005

Internet: www.pons.de
E-Mail: info@pons.de
Vorwort: Barbara Krüger
Wörterauswahl: Katja Bucher, Melanie Huber, Domenica Schulz, Vassiliki Tona, Stuttgart
Redaktion: Helen Blocksidge, Angelique Slaats, Gabrielle Villard, Antje Wollenweber
Logoentwurf: Erwin Poell, Heidelberg
Coverentwurf: VIER FÜR TEXAS * Ideenwerk, Frankfurt/Main
Layout und Satz: Katja Bucher, Stuttgart
Druck: Reclam
Printed in Germany

ISBN 3-12-517649-2

VORWORT

Die Entstehung des Wörterbuchs der Jugendsprache 2006

Der Markenname unserer Wörterbücher geht auf das lateinische Wort „pons" für „Brücke" zurück und drückt auf bildhafte Weise die Mittlerfunktion aus, die unsere Publikationen haben: Mit ihrer Hilfe soll der Brückenschlag zwischen den Sprachen gelingen und das Überwechseln von einer Sprache in die andere – und zurück – erleichtert werden.

Aber Verständnishilfen können auch für die Angehörigen ein und derselben Sprachgemeinschaft sinnvoll sein. Man denke beispielsweise nur an die dialektale Vielfalt des Deutschen, durch die sich viele Kommunikationsschwierigkeiten zwischen Norddeutschen und Bayern, Sachsen und Pfälzern, Schwaben und Thüringern ergeben. Über die Missverständnisse, die auf diese Weise zustande kommen, gibt es, wie jeder weiß, zahlreiche Witze. Dass manche Wörter oder Ausdrücke nur in einer bestimmten Region gebräuchlich sind und von Sprechern aus anderen Gegenden einfach nicht verstanden werden, kann ebenso für Verwirrung oder Erheiterung sorgen wie das Phänomen, dass allgemein gebräuchliche Begriffe in einer speziellen Gegend eine ganz andere Bedeutung haben.

Wer an diesen dialektalen Verständigungshürden nicht scheitern will, kann ein Mundartwörterbuch zu Rate ziehen, das, oft in jahre- oder jahrzehntelanger Forschungsarbeit an einem Germanistik-Institut entstanden und in einem philologischen Fachverlag veröffentlicht, in der Regel sehr umfangreich ist. Eine amüsantere und leichtere Lektüre zu diesem Thema bieten preiswerte Taschenbücher oder Broschüren, die – sozusagen als „Sprachführer" – in den letzten Jahren von verschiedenen Verlagen herausgebracht wurden. In ihnen werden in der Regel nur die häufigsten oder lustigsten Begriffe einer Mundart aufgelistet und auf Hochdeutsch erläutert.

Eine Broschüre dieser Art schwebte uns vor, als wir in der Redaktion zum ersten Mal über ein „Wörterbuch der Jugendsprache" nachdachten – eine kleine, vergnüglich zu lesende Verständnishilfe. Denn auch bei der Jugendsprache hat man es mit Wörtern und Ausdrücken zu tun, die nur eingeschränkt gebräuchlich sind (wobei die Gruppe der Sprecher hier altersmäßig begrenzt ist, nicht regional) und deswegen für Schwierigkeiten, Irritationen und Heiterkeit in der Kommunikation sorgen.
Das Besondere war aber, dass der Wortschatz von Jugendlichen selbst zusammengetragen werden sollte, denn nur so konnte er möglichst authentisch sein.

Dabei war immer klar, dass ein „Wörterbuch der Jugendsprache" ein Widerspruch in sich ist, und das in doppelter Hinsicht. Zum einen sind die jugendsprachlichen Prägungen schnelllebig; nur ein kleiner Teil von ihnen geht dauerhaft in den allgemeinen Sprachgebrauch über. Vor allem aus diesem Grund ist die Jugendsprache üblicherweise nicht in den Wörterbüchern verzeichnet, denn diese zeigen nur das, was sich eingebürgert hat und zum festen Sprachgebrauch gehört. Zum anderen hat die Jugendsprache quasi die Funktion einer Geheimsprache und ist deswegen für die Veröffentlichung nicht gerade geeignet.

Es war also ein ziemlich ungewöhnliches Unterfangen, fast ein Ding der Unmöglichkeit, als wir im Jahr 2001 ein PONS-Schülerpreisausschreiben veranstalteten und die Teilnehmer aufforderten, sich als Amateurlexikografen zu betätigen. Gefragt waren Begriffe, die von den Jugendlichen oft verwendet wurden, aber (noch) in keinem Wörterbuch verzeichnet waren. Die Wörter sollten auf Deutsch erläutert und ihr Gebrauch anhand von Beispielsätzen veranschaulicht werden; außerdem baten wir um die Übersetzungen der Fundstücke. Alles in allem keine leichte Aufgabe, aber erstaunlicherweise stieß sie auf riesiges Interesse. So begeistert wir von der großen Resonanz des Preisausschreibens waren – das den Schülerinnen und Schülern ja ein paar Aspekte unserer Arbeit, der zweisprachigen Lexikografie, spielerisch näher bringen sollte –, so mühsam war mitunter die Sichtung der vielen, kistenweise bei uns eingehenden Einsendungen.

Aufgrund des großen Erfolgs wiederholen wir seither das Preisausschreiben, und auch in diesem Jahr, 2005, war es ein Volltreffer. Das Ergebnis liegt nun schwarz auf weiß vor.

Die Merkmale der Jugendsprache

Hinter dem Bemühen der Jugendlichen um eine eigene Ausdrucksweise steht das Streben nach einer eigenen Identität. Um dieses Ziel zu erreichen, ist die Abgrenzung von der Welt und der Sprache der Erwachsenen ebenso wichtig wie der fast verschwörerisch enge Kontakt mit Gleichaltrigen, wodurch die Jugendsprache fast eine Geheimsprache ist: sie dient den Eingeweihten als Erkennungszeichen und Verständigungsmittel und festigt den Zusammenhalt der Gruppe. In erster Linie ist dieser Jargon also ein Mittel der Abschottung gegen die Erwachsenenwelt, aber er enthält auch ein ausgeprägtes spielerisches Moment.

Charakteristisch ist außerdem, dass die jugendsprachlichen Ausdrücke fast alle „markiert" sind (also der umgangssprachlichen oder saloppen Sprachebene angehören) und oft einen abwertenden Beiklang haben. Da dies fast ausnahmslos für den Inhalt dieser Broschüre gilt, haben wir darauf verzichtet, die einzelnen Stichwörter entsprechend zu kennzeichnen. Angaben wie sl (für salopp) oder pej (für pejorativ, abwertend) wären hier in so großer Menge erforderlich, dass sie den Lesefluss erheblich stören würden.

Eine weitere Besonderheit ist schließlich die Schnelllebigkeit dieser Ausdrücke. Wie jeder Erwachsene oder ältere Mensch weiß, hat er als Jugendlicher im Umgang mit Gleichaltrigen Begriffe verwendet, an die er sich heute kaum noch erinnern kann, weil sie wieder verschwunden sind, sei es steiler Zahn (mit der Bedeutung attraktives Mädchen), sei es schau (mit der Bedeutung sehr gut, ausgezeichnet). Auch bei dem hier verzeichneten Wortschatz handelt es sich zum größten Teil um sprachliche Eintagsfliegen.

Bei der Analyse der Wettbewerbsbeiträge stießen wir immer wieder auf Ausdrücke, die eine große Freude an der Verfremdung zeigen. So haben zum Beispiel allgemein gebräuchliche Wörter (Auslaufmodell, Biotonne, Nagelstudio) oder Begriffe aus der Werbesprache (Doppel-Whopper, vierlagig) eine überraschende neue Bedeutung bekommen. Oder es werden allgemeinsprachliche Wörter abgewandelt, wodurch neue Begriffe kreiert (Aquaholiker, Gaystation) und Verfremdungseffekte geschaffen werden. Nicht zu vergessen die echten und vermeintlichen Anglizismen, die die Jugendsprache stark beeinflussen: hier reicht die Spanne von der Schaffung einer Alternativschreibung (phat statt fett) über die Entlehnung englischer Wörter, die dann als Mischform verwendet werden (cruisen, entstanden aus to cruise und der deutschen Verb-Endung -en), bis hin zur Bildung englisch klingender Wörter, die es im Englischen so nicht gibt (Higgi, entstanden aus hiccups, abgekürzt und mit der affektiven Endung –i versehen).

Kein Wunder, dass die Metapher – eines der wichtigsten verfremdenden rhetorischen Mittel – in den jugendsprachlichen Ausdrücken sehr häufig vorkommt. Als eine Art verkürzter Vergleich („sieht aus wie …, ist wie …“) ermöglicht sie es beispielsweise, einen Mann mit dichtem, struppigem Vollbart als sprechende Hecke oder einen Dackel als behaarte Bifi zu bezeichnen.

Die dominierenden Themen sind naturgemäß Körper und Sexualität, besonders im Hinblick auf Körperfunktionen, Aussehen und Attraktivität; die Drastik, mit der sie behandelt werden, mutet wie der Versuch eines Gegenzaubers an.

Unsere Redaktion hat keine „Geschmackskontrolle“ oder Zensur vorgenommen.
Entscheidend für die Auswahl der Stichwörter und Wendungen war die Häufigkeit, mit der sie in den Einsendungen genannt wurden. Außerdem ist unserer Redaktion bewusst, dass nur ein sehr kleiner Teil der Jugendsprache überhaupt im allgemeinen Sprachgebraucht verwendet wird.

Bei allen beteiligten Schulklassen – Schülerinnen und Schülern, Lehrerinnen und Lehrern – bedanken wir uns ganz herzlich für dieses Wörterbuch, das sie durch ihr Engagement und ihre Kreativität möglich gemacht haben.

Wir wünschen allen Jugendlichen und Junggebliebenen, allen an Sprache Interessierten und allen Wörterbuchfans viel Freude mit dieser Broschüre.

Stuttgart, im September 2005
Redaktion PONS-Wörterbücher

Hinweis für die Benutzung:

Bei den englischen Übersetzungen, die sowohl im britischen als auch im amerikanischen Englisch gebräuchlich sind, steht keine Kennzeichnung in Form eines Nationalitätenschilds.
Wenn es solche gemeinsamen Übersetzungen nicht gibt, zeigen die Symbole (GB) und (USA) an, wo die betreffenden englischen Ausdrücke verwendet werden.
Die französischen Übersetzungen sind grundsätzlich mit (F) und die spanischen mit (E) gekennzeichnet.

Deutsch
Englisch
Französisch
Spanisch

abdrücken *vi (Zungenküsse austauschen)*
to (give somebody a) French kiss
(GB) to pull, to snog
(USA) to suck face, to swallow tongue, to mack (on sb)
(E) morrearse
Peter hat mit Claudia abgedrückt.
(GB) Peter and Claudia did a tonsil tango/played tonsil tennis.
(USA) Peter and Claudia sucked face.
(F) Peter a roulé un steak [*o* une galoche] à Claudia.
(E) Peter se ha morreado con Claudia.

abgestempelt *adj (keine Jungfrau mehr)*
(GB) bagged, popped, tagged
(USA) busted cherry
(E) desvirgado, desvirgada
Die da ist schon abgestempelt.
(USA) She's a busted cherry.
(F) Celle-là, elle s'est déjà fait sauter.

abhapsen *vt (abbeißen)*
to bite off
(F) prendre un croc de
(E) pegar un mordisco

abkacken *vi (versagen)*
to screw up
Ⓕ se planter
Ⓔ cagarla
in der Prüfung voll abkacken
to screw the exam up badly
Ⓕ se planter complètement aux exams
Ⓔ cagarla en el examen

(ab)rippen *vt (stehlen)*
to steal, to pinch, to filch, to lift, to rip off, to swipe
(GB) to nick
(USA) to get a five-finger discount, to gank
Ⓕ braquer
Ⓔ mangar, choricear, afanar
Hast du die CDs abgerippt? – Nee, gekauft.
(GB) Did you nick the CDs? – Nah, bought 'em.
(USA) Did you swipe the CDs? – Nope, bought 'em.
Ⓕ Tu les a braqués les CD ? – Non, achetés.
Ⓔ ¿Has mangado los compact? – No, los he comprado.

abziehen *vt (klauen)*
(GB) to nick
Ⓕ chourer
Ⓔ choricear, birlar

Achselfasching *m (behaarte Achseln)*
hairy armpits
(USA) to go European
(F) touffe *f* sous les bras
(E) sobacada *f*
Na, das ist ja mal ein Achselfasching, du solltest dich vielleicht mal rasieren!
(GB) Well, those are well hairy armpits, you should try and get shaved!
(USA) Are you going European? You should shave yourself!
(F) T'en as d'une putain de touffe sous les bras, tu devrais peut-être te raser un de ces quatre !
(E) ¡Menuda sobacada, a ver si te la afeitas!

Achselkaffee *m (Schwitzfleck unter den Achseln)*
(GB) sweat stain, pit slick
(F) auréole(s) *f(pl)* sous les bras
(E) mancha *f* de sudor

Achselmoped *m (Deoroller)*
deodorant, roll-on
(F) stick *m* déodorant
(E) desodorante *m*
Benutzt du auch mal dein Achselmoped?
(GB) Do you use your deodorant from time to time?
(F) Ça t'arrive d'utiliser un déo ?
(E) ¿Usas el desodorante de vez en cuando?

Achselterror *m*

Achselterror haben *(stark schwitzen)*
to have stinky/smelly armpits
Ⓕ suer sa mère
Ⓔ cantarle a alguien el alerón, oler mal por el sobaco

Ackerdesigner *m (Landwirt)*
country bumpkin, yokel
(USA) Billy Bob, hick
Ⓕ bouseux *m*
Ⓔ paleto *m*

äugeln *vi (flirten)*
to flirt
(GB) to eye, to give the eye, to mack
(USA) to put the moves on someone, to hit-on someone, to be cup-cakin/talkin' lovey-dovey/whisperin' sweet nothin's into someone's ear, to schmooze, to dick-tease, to spit their game
Ⓕ allumer
Ⓔ flirtear

Akne-X *f (eine Person mit vielen Pickeln im Gesicht)*
(GB) zit face, pizza features
(USA) pimple face, crater face, pizza face
Ⓕ boutonneux *m*, boutonneuse *f*
Ⓔ cara *f* paella

Alimentenkabel *nt (Penis)*
Ⓖ alimony rod, johnson
Ⓤ large unit, boner, stiffy, woody, hard-on
Ⓕ zob *m*, teub *f*, bite *f*
Ⓔ manguera *f*, chorra *f*

Alugurke *f (Fahrrad)*
bike
Ⓤ two-wheeler, scrambler
Ⓕ bécane *f*
Ⓔ bici *f*

Anabolikafresse *f (Mann mit aufgepumpten Muskeln und hässlichem Gesicht)*
Ⓖ man with pumped up muscles and an ugly face, mingin man with pumped up muscles
Ⓤ roid head, roid-rager, guido, chauch, juiced up
Ⓕ keum *m* gonflé aux hormones
Ⓔ paquete *m* de músculos

Analhusten *m*
Analhusten haben *(eine Blähung entweichen lassen)*
to fart, to let it rip
Ⓖ to parp
Ⓤ to cut the cheese, rip a fart, pass gas
Ⓕ larguer
Ⓔ tirarse un pedo

Analraupe *f (Arschkriecher, Schleimer)*
crawler
(USA) ass-kisser, brown-noser
(F) lèche[-cul] *m/f*
(E) lameculos *m*

anfucken *vt (beleidigen)*
(GB) to fuck with (sb), to diss
(USA) to talk smack
(F) casser, pourrir
(E) joder, putear

ansaugen *vt (küssen)*
to give a hickie (love bite)
(F) bisouiller
(E) besar (a)

Aquaholiker(in) *m(f) (Person, die viel Wasser trinkt)*
(GB) aquaholic
(USA) aquahead, waterboy
(F) chameau *m*
(E) persona *f* que bebe más agua que una rana, bebepiscinas *m*

Arschkordel *f (String)*
thong
(GB) cheese-cutter
(USA) tanga, string, butt-floss
(F) coupe[-]crotte *m*
(E) tanga *f*
In Amerika kostet es 50$, wenn die Arschkordel aus der Hose guckt!
(GB) In the US, you have to pay $50, when your thong can be seen!
(USA) If your butt-floss is showing, you have to pay 50$ in the U.S.!
(F) Aux USA, tu payes 50$ si ton coupe[-]crotte dépasse de ton pantalon !
(E) ¡En Estados Unidos que se vea la tanga cuesta una multa de 50 $!

Asphaltdeko *f (tot gefahrene Tiere auf der Straße)*
(USA) road-kill
(F) animal *m* écrabouillé
(E) pegatina *f* de asfalto

asslig *adj (widerlich, eklig, abscheulich)*
foul, gross, nasty, rank, yucky
(GB) grotty, mingin, rough
(USA) disgusting, gnarly
(F) dégueu
(E) repugnante, asquerosos

auf jeden *adv (unbedingt)*
sure thing
(USA) way, fer sure, hell yeah
(F) ouais, je veux !
(E) sin falta
Kommst du mit in die Disko? – Na, auf jeden!
(USA) You coming out with us? – Hell yeah!
(F) Tu viens aussi en boîte ? – Ouais, plutôt qu'je viens !

auf keinsten *adv (auf keinen Fall)*
no way, not in your life
(USA) no chance, hell no!
(F) carrément pas, pas question
(E) en absoluto, ni hablar

aufbitchen
sich aufbitchen *vr* 1. *(sich schminken)* 2. *(sich zurechtmachen)*
(GB) to get dolled up/tarted up, to get done up like a dog's dinner
(USA) to get buffed up for a party
(F) 1. se maquiller à la truelle, se pixeliser, se ravaler la façade
2. se styler comme une tepu
(E) 1. darse unos brochazos; 2. prepararse, arreglarse

aufpimpen *vi (aufmotzen, übertrieben aufstylen)*
GB to dress up, to brush up, to get dressed up (over the top), to get brushed up
USA to primp, to get all dolled up/all dressed up/dressed-to-the nines
F relooker
E emperifollar
Du siehst heute Abend aber wieder aufgepimpt aus.
GB You look dressed up/brushed up again this evening.
USA You're all dressed-to-the nines tonight!
F T'as vu ta dégaine ce soir. T'es trop stylé(e).
E Vaya emperifollao que te has vuelto a poner.

Aufrisszone *f (Ort, an dem man mit hoher Wahrscheinlichkeit einen Freund/eine Freundin finden kann)*
pick-up point
GB meat market
F lieu *m* de drague
E picadero *m*

Augenorgasmus *m (Augenweide)*
GB bling-bling, someone gobsmacking, someone bloody gorgeous, fit bird, fit bloke, top totty
USA feeling giddy
F orgasme *m* visuel
E engordar la vista

Bärenkiller *m (Frau, die sich im Schambereich rasiert)*
(GB) shaven maiden, pussy clipper, hedge trimmer
(USA) Brazilian
(F) meuf *f* rasée
(E) tía *f* depilada

Barrio *nt (Platz, an man sich mit Kumpels trifft)*
(GB) turf
(USA) district, place for homies, ghetto, the hood
(F) là où on s'file rencard entre potes
(E) donde siempre (lugar donde se suele quedar)
Alter, lass uns im Barrio treffen!
(GB) Hey man, let's meet at the ghetto/the turf/our place!
(USA) Let's meet in da hood!
(F) On s'file rencard comme d'hab !
(E) ¡Venga tío, quedamos donde siempre!

Bauarbeiterdekolletee *nt (Hose, die zu tief blicken lässt)*
(GB) builder's bottom
(USA) plumber's crack
(F) bleu *m* de travail qui laisse entrevoir la raie du cul
(E) pantalón *m* que enseña la ropa interior

Bauarbeitermarmelade *f (Hackfleisch)*
GB mince
USA road kill
F hachis *m*
E carne *f* picada

Baumwollrost *m (schmutzige Unterwäsche)*
dirty underwear
USA to have skid marks, skanky pants
F sous-vêtements crades [*o* cradingues] *mpl*
E gayumbo/a, *m/f* con frenazo

Beatwolle *f (gelockte Haare)*
curly hair
USA bushy, afro, fro
F tignasse *f* bouclée
E escarola *f*
Die Neue hat ja eine krasse Beatwolle auf dem Kopf!
GB The newie got curly hair, innit?
USA Check out that new girl's fro!
F La nouvelle a une putain de tignasse bouclée !
E ¡Vaya escarola que lleva la nueva!

Beef *nt (Streit)*
argument, row
(USA) beef, tiff
(F) clash *m*
(E) gresca *f*

Behaarte Bifi *f (Dackel)*
sausage dog
(USA) wiener dog, hot dog
(F) saucisse *f* à quatre pattes
(E) perro *m* salchicha, salchicha *f* peluda
Was hast du denn für eine behaarte Bifi als Haustier?
What? You've got a sausage dog as a pet?
(USA) So, you have a hotdog as a house pet huh?
(F) C'est quoi ton saucisson à quatre pattes ?
(E) ¡Vaya una salchicha peluda que tienes!

Besenstall *m (Mädchenschule)*
(GB) chick's den, lesbian labs
(USA) catholic meat market, tuna fest
(F) école *f* de gonzesses
(E) cole *m* de chochines

Bienenkotze *f (Honig)*
honey
Ⓕ miel *m*
Ⓔ miel *f*

Bildungsschuppen *m (Schule)*
skool
Ⓕ bahut *m*
Ⓔ cole *m*

Biotonne *f (Vegetarier, Vegetarierin)*
GB leaf-eater, rabbit, veggie
USA someone who eats bird food/garden burgers
Ⓕ lapin *m*
Ⓔ vegetariano *m*/vegetariana *f*, comelechuga *mf*

bläuen *vi (schwänzen)*
GB to skive off from skool, to cut skool, to play truant
USA to play hooky, to screw off
Ⓕ sécher, gratter
Ⓔ pirarse la clase
Lass uns Mathe bläuen!
GB Let's skive off maths!
USA Let's screw off Math class today!
Ⓕ On n'a qu'à sécher [*o* gratter] les maths !
Ⓔ ¡Vamos a pirarnos mate!

Blechbrötchen *nt (Bierdose)*
(GB) tinny
(USA) beer, brewsky
(F) canette *f* de binouze
(E) birra *f*

böse *adj (gut)*
(GB) phat, wicked
(USA) Bad!, Solid!, Cool!, Sweet!
(F) trop bien
(E) de miedo
Der Film gestern war echt böse!
(GB) The film yesterday was well wicked.
(USA) That movie yesterday was bad!
(F) Le film hier était trop bien !
(E) ¡La peli de ayer estuvo de miedo!

Bong *m, f, nt (Wasserpfeife, auch Blubber)*
hookah
(F) narguilé *m*
(E) narguile *m*

Brauereitumor *m (Bierbauch)*
beer belly
(GB) beer gut, loves handles
(USA) keg on legs, the old spare tire, frat tank
(F) brioche *f*, gros bide *m*
(E) panza *f* cervecera

Bräuterei *f (Anmache, Mädchenjagd)*
(GB) pulling, hunting
(USA) hit on, chat up, trolling
(F) plan *m* drague
(E) caza *f*, ligoteo *m*

breit *adj (berauscht)*
bombed, hammered, mashed, smashed, plastered, wasted, trashed, fucked-up, annihilated, obliterated, ripped, loaded, blitzed
(F) cassé(e), défoncé(e)
(E) con el punto (cogido)
Ich war am Wochenende wieder breit – krasse Fete!
I got mashed again at the weekend – bangin' party!
(USA) I was totally fucked-up again this weekend – kick-ass party!
(F) Ce week-end, j'étais encore cassé(e) [*o* défoncé(e)]. Une fête démente !
(E) Este fin de semana he vuelto a coger el punto – ¡una fiesta de puta madre!

Brombeerbums *m (Geschlechtsverkehr mit einem unrasierten Partner)*
(GB) sandpaper screw, hedgehog hump
(USA) to do it with gritty, dirty hippies
(F) queutage *m* avec un keum pas rasé
(E) sexo *m* son una persona que no se depila

Bühü *f (Büffelhüfte, sehr breite Hüfte, dicke Person)*
(GB) fat person, fatty bum-bum, fatso, porkie, porker, dumpling, lard-arse
(USA) wide-load, hippo-hips, bubble butt, thunderthighs
(F) gros derche [*o* cul] *m*
(E) caballo *m* percherón

buggi *adj (egal)*
(USA) don't mind, I don't care., I don't give a (flying) fuck., I don't give a rat's ass.
(F) J'en ai rien à battre.
(E) un huevo
Das ist mir buggi!
I don't mind!
(GB) I don't care!
(USA) I couldn't care less!, I don't give a fuck!
(F) Je m'en bats les couilles !
(E) ¡Me importa un huevo!

burnen *vi (sehr attraktiv, bewundernswert, cool sein)*
to be safe/well cool, to be (hell of)
(USA) to be cool/bitchin'/awesome/rad/rock/sweet/choice/tight/wicked/pimp/chillin'/the (da) bomb
(F) être dément(e) de chez dément(e)
(E) de putísima madre, superguay
Das Brett burnt – geilo!
(GB) This track's bangin'/this track kicks arse – wicked!
(USA) This track rocks – it's awesome!
(F) Le tube est dément de chez dément – trop fort !
(E) ¡Esta canción es superguay!

Buschscheißer *m (Pfadfinder)*
(GB) nature boy
(USA) bait, NAMBLA member (North American Man/Boy Love Association)
(F) louveteau *m*
(E) explorador/a *m/f,* scout *mf*

Cellulitezentrum *nt (Schwimmbad)*
swimming pool
(USA) pool
(F) pistache *f*
(E) piscina *f*
Es ist heut' so warm, lass' uns ins Cellulitezentrum geh'n!
(GB) It's so warm today, let's go to the swimming pool!
(USA) It's so warm today, let's go to the pool.
(F) Il fait trop chaud aujourd'hui! Viens, on va se baquer [*o* à la pistache] !
(E) ¡Hace demasiado calor, vamos a la piscina!

Chabo *m (gutaussehender Mann)*
(GB) fit guy, gorgy, gorgy-porgy, good-looking guy
(USA) studmuffin, hunk, hottie
(F) canon *m*
(E) tío *m* bueno
Was für ein Chabo, ey! So einen Waschbrettbauch sieht man selten!
(GB) What a gorgy, innit? You seldom get a chance to look at such a six-pack!
(USA) What a hunk! You rarely see such a fine six-pack!
(F) Vise un peu le canon! Des tablettes de chocolat comme ça, on en voit rarement !
(E) ¡Vaya tío bueno! ¡Uno con vientre plano no se ve con frecuencia!

Chaya *f (gutaussehende Frau)*
(GB) fit bitch, babe, fit woman, bling-bling baby
(USA) sexy woman, boner factory, dreamboat, sex on a stick, sex on legs, hottie, smokin babe
(F) missile *m*, canon *m*
(E) tía *f* buena
Wow, geile Chaya!
(GB) Wow, what a (fit) bling-bling baby!
(USA) Wow, she's a smokin babe! She's bootylicious!
(F) Putain, le canon [*o* missile] !
(E) ¡Vaya tía buena!

Checkerbraut *f (sehr intelligente Frau)*
(GB) very clever woman
(USA) very smart woman, smarty pants
(F) intello *f*
(E) cerebrito *m*

chiggen *vi, vt (rauchen)*
to (have/go for a) smoke
Ⓕ méfu
Ⓔ fumar
Gehen wir eine chiggen?
GB Fancy a smoke/spliff/joint/roll?
USA Wanna go for a smoke?
Ⓕ On en tire une ?
Ⓔ ¿Echamos un cigarrillo?

Chillaui *vi (entspannen)*
to chill (out)
GB to relax
USA to chillax, to take a chill pill
Ⓕ chiller
Ⓔ relajarse

Clearasil-Testgelände *nt (Gesicht mit vielen Pickeln)*
crater/pizza face
Ⓕ mercerie *f*

cremig *adj*
cremig bleiben *(locker, cool bleiben)*
to stay cool, to stay safe
(USA) to chill (out), to take a pill, to relax, to easy down
(F) keep cool
(E) tranqui, tranqui
Alter, bleib bloß mal cremig!
(USA) Hey man, take a chill pill! Dude, chill out!
(F) Mec, la ramène pas !
(E) ¡Oye tú, tranqui macho!

Crew *f (Clique)*
(GB) my gang, my mates, my gals (female), my party, my crew
(USA) teenie clique
(F) pandilla *f*
(E) peña *f*

cruisen *vi (ziellos umherfahren)*
to cruise
(F) tourner en caisse
(E) viajar sin rumbo fijo

de luxe *adj (super, toll, großartig)*
(GB) phat, gobsmacking
(USA) wonderful, splendid, sweet, tight
(F) énorme, géant, dément
(E) la leche, tope
Das ist de luxe!
(USA) That's sweet!
(F) C'est énorme (*o* géant, dément) !
(E) ¡Eso es la leche!

dick *adj (sehr gut)*
phat
(USA) wicked, pimp, chillin', sweet, tight, (hell of) cool, bitchin', awesome, rad, rock, choice, the/da bomb
(F) trop bon(ne)
(E) súper, de puta madre

dick geflasht *adj (überwältigend)*
impressive
(GB) mahoosive
(USA) overwhelming, over the top, off the chain, out of control
(F) énorme
(E) de la leche

Digger *m (Freund, Kumpel, Kollege)*
(GB) pal, buddy
(USA) homey, dude, homeboy, man, brother
(F) pote *m*, poto *m*
(E) colega *m*, compañero *m*, tío *m*
Ey Digger, was geht?
(GB) Hi mate, wassup/wagwon?
(USA) Dude, wazzup?
(F) Hé vieux, quoi de neuf ?
(E) ¿Qué pasa, tío?

dissen *vt (sich abfällig äußern über)*
to dish, to diss
(F) casser
(E) ser despectivo con
Peace, Alter! Ich wollte dich nicht dissen!
Peace Man! I didn't mean to diss you!
(F) Relax, mon vieux, je voulais pas te casser !
(E) ¡Tranqui, tú, no quería ofenderte!

d-markig *adj (altmodisch, veraltet)*
GB out of date
USA old-fashioned, out-of-date, dinosaur, stick in the mud (person), dated
F out, préhistorique
E pasado, del año de la tos
Dein Walkman ist ja total d-markig!
GB Your walkman is well out of date!
USA Your walkman is so dinosaur!
F Ton walkman, il est out !
E ¡Tu walkman es del año de la tos!

dönern *vi (eine Blähung haben)*
to fart
F lâcher [une caisse]
E tirarse pedos [*o* cuescos]
Wer dönert hier denn dauernd rum?
Who's farting about here?
F Qui c'est qui lâche sans arrêt ici ?
E ¿Quién es el que se tira pedos aquí todo el rato?

Doppel-Whopper *m (Person mit extremem Übergewicht)*
GB bloater
USA tubby, large Marge, blimp, wideload, lardass, blubber butt
F baleine *f*
E bola *f* de sebo

Drahtfresse *f (Junge/Mädchen mit Zahnspange)*
(GB) boy/girl with a brace
(USA) boy/girl with braces, tin-foil face, metal mouth
(F) keum *m*/meuf *f* avec un pare-chocs
(E) chico/a *m/f* con ortodoncia

durchsumpfen *vi (eine Nacht durchfeiern)*
to pull an all-nighter
(USA) to go clubbing, to party, to go bar hopping
(F) faire la teuf toute la nuit
(E) ir de empalmada

Eierkneifer *m (sehr enge Männerunterwäsche)*
speedos
(GB) undercrackers
(USA) tighty whities, meat hangers
(F) moule-burnes *m*
(E) gayumbos *mpl* de marcar paquete
Meine Unterhose bringt mich heute noch um! Sie ist ein richtiger Eierkneifer!
(USA) My tighty whities are killing me today!
(F) Plein le cul de mon slip! Il me serre carrément les burnes !
(E) ¡Estos gayumbos van a acabar hoy conmigo! ¡Me están machacando los huevos!

eingelasert *adj (tätowiert)*
tattooed
(GB) tatted, graffed
(F) tatoué(e)
(E) tatuado
So'n Typ mit lauter Piercings und von oben bis unten eingelasert war der.
The guy was covered in piercings and tattoos.
(USA) The dude was covered with piercings and tatted from head to toe.
(F) Putain le mec, il était percé de partout et tatoué(e) de haut en bas.
(E) Era un tipo lleno de piercings y tatuado de pies a cabeza.

Einlauf *m (Ärger)*
trouble
(USA) to be in deep shit, busted, to be up shit creek without a paddle
(F) blèmes *mpl*
(E) bulla *f*
Gestern habe ich von meinen Eltern einen Einlauf bekommen.
(GB) Got trouble with my old ones yesterday.
(USA) Yesterday I was in deep shit.
(F) Je m'suis fait incendier par mes parents hier.
(E) Ayer mis padres me metieron una bulla.

einlochen
sich einlochen *vi (wenn ein Mann in eine Frau eindringt, penetrieren)*
(GB) to bone, to screw, to shag
(USA) to drill, to knock the bottom out
(F) tremper sa nouille
(E) penetrar, hincarla

eintüten *vt (klauen)*
to steal, to pinch, to filch, to lift
(GB) to nick
(USA) to get a five-finger discount, to swipe, to gank
(F) braquer
(E) choricear, birlar

Einwegstopfer *m (Tampon)*
(GB) blood bung, travel plug, Dracula's teabag
(USA) plug, cigar, jam rag
(F) tampon *m*
(E) tampón *m*, tapacoños *m*
Ich muss noch Einwegstopfer kaufen.
(F) Faut que j'aille acheter des tampons.
(E) Tengo que comprar tampones.

Ellies *pl (Eltern)*
da rentals
(GB) rents
(USA) old farts, old lady and old man, the p's
(F) vieux *mpl*
(E) viejos *mpl*
Meine Ellies sind heute nicht zu Hause.
My rents aren't at home today.
(F) Mes vieux sont pas là aujourd'hui.
(E) Mis viejos están fuera esta noche.

endmadig *adj (besonders schlecht)*
lame, crap, shit
(F) à chier
(E) fatal, de última

entkorken *vi (jmd entjungfern)*
to deflower sb
GB to bone, to lay, to screw, to shag
USA to pop someone's cherry, to devirginize, to steal their flower, to take their v-card, to swipe their v-card
F faire sauter la rondelle à qn
E desvirgar
Er hat sie entkorkt.
GB He deflowered her., He boned her., He laid her., He shagged her.
USA He popped her cherry.
F Il lui a fait sauter la rondelle.
E Él la ha desvirgado.

Entsafter *m (Freundin, Sexualpartnerin)*
GB dejuicer, girlf, jones
USA breezy, shorty
F grosse *f*, meuf *f*
E chupasangre *f*, chorba *f*

entschleunigen *vi (die Dinge etwas langsamer angehen)*
(GB) to chill, to kick back
(USA) to relax, to chill, to kick back
(F) rester cool
(E) ir de tranqui, echar el freno
He, kannse mal entschleunigen oder was?
Hey, can you chill a bit?
(F) Keep cool, ok !, Calme ta joie !
(E) ¡Oye, echa el freno!

erden
sich erden *vr (hinfallen)*
to bail
(USA) to take a digger
(F) se viander
(E) caerse, pegarsela

Erzeugerfraktion *f (Eltern)*
rentals
(GB) olds
(USA) old farts, the p's
(F) mapa *mpl*, rampes *mpl*
(E) viejos *mpl*

Faker *m (Simulant)*
faker
(USA) fake, loser, poser
(F) gros mytho *m*
(E) teatrero *m*

Faltenbügler *m (Schönheitschirurg)*
(GB) cosmetic surgeon
(USA) plastic surgeon, Dr. 90210
(F) chirurgien *m* esthétique
(E) cirujano *m* estético
Die war doch bestimmt beim Faltenbügler!
(GB) She's definitely been to the cosmetic surgeon.
(USA) I bet you she went to Dr. 90210!
(F) Elle s'est sûrement fait ravaler la façade !
(E) ¡Seguro que ha ido al cirujano (estético)!

Felleule *f (Mädchen mit langen, fettigen Haaren)*
girl with long greasy hair
(F) meuf *f* avec les cheveux crades
(E) chica *f* con el pelo largo y graso

ficken

gefickt sein *adj (erwischt werden)*
(GB) to be caught while doing illegal things, e.g. going by bus without a ticket.
(USA) busted, nabbed, fucked
(F) se faire pécho
(E) ser trincao, haberla cagao

angefickt
(GB) to be stressed out, to be worked up, to be narked off, to be pissed off, to be fucked off, to be hacked off, to be cheesed off
(USA) to be annoyed, to be pissed-off
(F) vénère
(E) estar hasta las pelotas/coños

flashen *vt (begeistern)*
to get really excited about
(F) faire kiffer
(E) molar mucho

Fotzenstöpsel *m (Tampon)*
tampon, fanny plug
(USA) plug, cork, the cotton pony
(F) tampax® *m*
(E) tampón *m*, tapacoños *m*

Fratzengeballer *nt (Schlägerei)*
brawl
(GB) fisticuffs, punch-up
(USA) fist-to-cuffs, throw-down
(F) baston *f*
(E) gresca *f*, cisco *m*
Ich bin gestern Abend in der Disko in ein Fratzengeballer geraten.
Yesterday evening I got caught up in a brawl.
(F) Je me suis bastonné hier soir en boîte.
(E) Ayer en la discoteca me metí en una gresca.

Freibiergesicht *nt (Schnorrer)*
sponger, scrounger
(USA) freeloader, mooch, stain, leach
(F) roi *m* de la taxe; reine *f* de la taxe
(E) gorrón *m*, jeta *m*
Jürgen ist vielleicht ein Freibiergesicht, der hat nie eigene Zigaretten dabei.
(GB) Jürgen's a total sponger/scrounger, he's never got his own fags/his own ciggies with him.
(USA) Jürgen's such a mooch, he never has his own cigarettes.
(F) Jürgen, c'est vraiment le roi de la taxe [*o* un gros taxeur], il n'a jamais de clopes sur lui.
(E) Jürgen es un gorrón que nunca tiene un cigarro.

Fressbrett *nt (Zunge)*
(GB) tongue
(USA) hockey puck
(F) langue *f*
(E) húmeda *f*

Fresshöhle *f (Mund)*
(GB) gob, chops
(USA) pie-hole, cake-hole, laughing gear
(F) tronche *f*, gueule *f*
(E) buche *m*

Fressnarkose *f (Mittagsschlaf)*
power nap
(USA) snooze
(F) roupillon *m*
(E) (echarse) una cabezadita después de comer

Fresspause *f (Diät)*
diet
(USA) calorie counting
(F) régime *m*
(E) dieta *f*, régimen *m*

Frittenbunker *m (Imbissbude)*
GB chippy
USA fast-food joint, burger stand/joint
F baraque *f* à frites, friterie *f*
E bareto *m*

Fünf-Finger-Rabatt *m (Diebstahl)*
5-finger-discount
USA to squelch, to yoink
F chourre *f*
E choriceo *m*

Fummelbunker *m (Diskothek)*
disco, club, meat market
GB pick-up joint
F teboi *f*
E disco *f*
Lass' uns heut' abend in den Fummelbunker gehn'!
GB Let's go clubbing this evening!, Let's go to a club this evening!
USA Let's go to the meat market tonight!
F On n'a qu'à aller en teboi ce soir !
E ¡Vamos a la disco!

gamblen *vi (nichts tun, herumhängen)*
GB to chill, to relax, to hang around
USA to bum around, to mooch, to hang out, to chillax
F glandouiller
E tocarse las pelotas

Gang Bang *f (Gruppensex)*
group sex
USA orgy, fuck-pile
F touze *f*
E cama *f* redonda
Ich habe sie beim Gang Bang erwischt.
GB I got them having group sex.
USA I caught them during their fuck-pile.
F Je les ai chopés [*o* l'ai chopée] en train de touzer.
E Les pillé haciendo cama redonda.

Gazellenfraktion *f (Gruppe dünner Mädchen)*
skinny binnies
(USA) twiggies, a bag of bones
(F) sacs *mpl* d'os ambulants
(E) panda *f* de espátulas, panda *f* de anoréxicas
Ah, da ist ja wieder die Gazellenfraktion.
(GB) Look, the skinny parade is coming again.
(USA) Look, there is the twiggies gang.
(F) Ah, revoilà les sacs d'os ambulants!
(E) Ahí hay una panda de espátulas.

Gedankenmanifestator *m (Stift)*
pen, pencil
(F) bic *m*
(E) boli *m*
Gib mir bitte deinen Gedankenmanifestator.
Give us yer pen.
(USA) Lemme have a pen.
(F) Passe-moi ton bic, s'te plaît.
(E) Pásame el boli.

Gehirnprothese *f (Taschenrechner)*
calculator, electronic brain
(F) calto *f*, caltoche *f*
(E) calculadora *f*

Gehsteigpanzer *m (sehr korpulente Person)*
fat lump
(GB) bloater
(USA) blimp, blubber butt, person who swallowed a pumpkin
(F) gros tas *m*
(E) cachas *m*, toro *m*

Gesäßhusten *m*
Gesäßhusten haben *(eine Blähung entweichen lassen)*
to fart
(GB) to let up
(USA) to cut the cheese, to rip a fart, to pass gas
(F) loufer
(E) tirarse un pedo, tirarse un cuesco

Gesichtspullover *m (behaartes Gesicht)*
gorilla
(USA) monkey face
(F) tronche *f* poilue
(E) barba *f*

Ghettofrühstück *nt (einen Joint auf nüchternen Magen rauchen)*
(GB) to smoke a roach/marijuana/spliff before breakfast
(USA) to smoke marijuana (pot) for breakfast, to wake and bake
(F) prendre un stick [*o* tarpé] pour le petit-déj.
(E) fumarse un porro antes de desayunar

göbeln *vi (sich übergeben)*
to chuck, to puke, to spew, to throw up, to vomit, to upchuck, to toss one's cookies, to kiss the porcelain god, to hurl, to blow chunks
(USA) to heave, to ralph, to spew
(F) gerber, dégueuler
(E) cambiar la peseta
Nach dem Bier muss ich göbeln.
Last pint before I chuck.
(F) Après la bière, faut qu'je gerbe [*o* dégueule].
(E) Después de la cerveza tengo que cambiar la peseta.

Golfplatz *m (leichtes Mädchen)*
(GB) tart, easy-lay, slut, hussy
(USA) slut, whore, tramp
(F) chaudasse *f*
(E) putón *m* verbenero

Gruppenzwangkind *nt (Person, die keine eigene Meinung hat)*
sheep, puppet
(USA) wannabe
(F) copieur *m*/copieuse *f*
(E) vendido *m*/vendida *f*, veleta *mf*

Haarwürger *m (Haargummi)*
(GB) hair clip
(USA) hair band, pony tail holder, scrunchie
(F) chouchou *m*
(E) goma *f* de pelo

harzen *vi, vt (kiffen, rauchen)*
to smoke dope, to spark up (a joint)
(GB) to have a spliff
(USA) to get wasted/high, to toke, to smoke up
(F) se défoncer
(E) emporrarse
Ich harze mir etwas.
Time for a spark-up. Time to roll up.
(USA) I'm about to get wasted.
(E) Me voy a meter un petardo.
Sie haben praktisch den ganzen Nachmittag geharzt.
(F) Ils se sont défoncés pratiquement tout l'après-midi.

Hasenhirn *nt (Dummkopf)*
GB twat, plonker
USA dipshit, dumb ass/fuck, idiot, stupid (ass/fuck), knucklehead, moron, retard
F relou *m*
E idiota *m*, imbécil *m*
Dieses Hasenhirn macht nur Blödsinn.
This twat's just pissing about.
USA This dipshit's just bein' an idiot.
F Ce gros relou ne fait que des conneries.
E Este gilipollas solo hace tonterías.

Hauptgenerator *m (Penis)*
GB power point
USA jackhammer, plunger, beefstick, majesty, manhood, meat loaf, dong, pecker
F teub *f*, queue *f*
E chorra *f*

Hausfussel *m (Hausfrau)*
GB housewife
USA the missus, stay at home mom, soccer mom
F femme *f* au foyer
E maruja *f*

Hausstaub *m (Schuppen)*
dandruff
(USA) flakes
(F) pellicules *fpl*; de la neige sur les épaules
(E) caspa *f*

Herrenhandtäschchen *nt (Sechserpack, Sixpack)*
6-pack
(F) pack *m* de binouzes
(E) pack *m* de seis cervezas

Hirnblähungen *fpl (dumme Gedanken, Ideen)*
(GB) bullshit, gas, no-brainer
(USA) numb nut, brain farts
(F) de la bouillie dans le cerveau
(E) paridas *fpl*, chorradas *fpl* mentales
Vergiss mal deine Hirnblähungen und bleib realistisch!
(GB) Don't talk such bullshit, get real!
(USA) You are such a numb nut, try staying realistic!
(F) Oublie ces conneries et sois réaliste !
(E) ¡Déjate de chorradas mentales y sé realista!

horizontal

horizontal benachteiligt *adj (dick, fett)*
(GB) horizontally disadvantaged
(USA) horizontally challenged
(F) trop gros(se)
(E) ceporro, cebón

Hülsenfrucht *f (Bierdose)*
(GB) tinny
(USA) beer, brewsky
(F) canette *f* de binouze
(E) birra *f*

Hummeltitten *pl (Gänsehaut)*
goose bumps
(F) poils *mpl* au garde-à-vous
(E) carne *f* de gallina, pelos *mpl* como escarpias

Ikeakind *nt (Schwede, Schwedin)*
Swede
(GB) Sven, Ulrike
(F) Suédois(e)
(E) sueco/a *m/f*

Intelligenzallergiker *m (Dummkopf)*
moron, blockhead, thicko
(USA) waste of oxygen, waste of skin, biscuit head
(F) tache *f*
(E) anormal *m*, subnormal *m*
Konntest du die Aufgabe etwa nicht lösen – du Intelligenzallergiker?
(GB) Couldn't you do the exercise – you moron!
(USA) Don't tell me you couldn't solve the problem – you wisenheimer!
(F) T'as pas réussi à faire l'exercice, espèce de pauv' tache !
(E) ¿Qué pasa, que no has sabido resolver el problema? – ¡mira que eres subnormal!

juckig *adj (Verlangen nach Geschlechtsverkehr habend)*
horny
(USA) lookin' to get laid, hot and bothered, all riled up
(E) cachondo/cachonda
Ich habe gleich gesehen, dass sie juckig war.
(F) J'ai vu tout de suite qu'elle avait le feu au cul [*o* derche].

Kackschrubber *m (Toilettenbürste)*
toilet brush
(USA) poop chute flute
(F) balai *m* à chiottes
(E) limpiacascarrias *m*

Kagge
Geh Kagge schubsen! *(Hau ab!)*
(USA) to stab shit
(F) Va te faire foutre!
(E) ¡Dar por el culo!
Du bist ein Trottel! Geh Kagge schubsen!
(USA) You are such a dumbass! Go stab shit!
(E) ¡Eres un imbécil, vete a tomar por el culo!

Käpt'n Wasserstoff *m (Person mit blondierten Haaren)*
blond(e)
(USA) bottle blond
(F) blondinet *m*, mec *m* qui a les cheveux oxygénés
(E) rubio/a *m/f* de bote, rubio/a *m/f* oxigenado/a

Kalorien *fpl*

Kalorien tanken *(Fastfood essen gehen)*
- (GB) to refuel, to Mac out, to scoff
- (USA) to go to maccas
- (F) faire le plein de calories
- (E) comer comida basura

Kampffussel *m (kleine, aggressive Person)*
- (GB) arsey midget
- (USA) bulldog
- (F) teigne *f*
- (E) pequeñito *m* pero matón, pequeñita *f* pero matona

Achtung, da kommt der Kampffussel!
- (GB) Watch out, here comes the arsey midget!
- (USA) Watch out, there comes our bulldog!
- (F) Attention, voilà la petite teigne qui se pointe !
- (E) ¡Ojo, que ahí viene el enano peleón!

Katastrophe *f*

taktische Katastrophe *(Fehlplanung; auch: vergessene Hausaufgaben)*
- (GB) tactic misplanning
- (USA) forgotten homework, The dog ate my homework
- (F) boulette *f* dans le planning; devoirs *mpl* zappés
- (E) trabajo *m*, sin hacer

keimig *adj (eklig, widerlich, dreckig)*
disgusting, rank, revolting
(GB) mingin, rough
(USA) nasty, gnarly, putrid
(F) crade
(E) de pena
Heute siehst du echt keimig aus.
You look really rough today.
(USA) You really look like shit [ass] today.
(F) Aujourd'hui, tu fais vraiment crade.
(E) Hoy tienes un aspecto de pena.

Kellerbräune *f (blasse Haut)*
(GB) ghost/vampire tan
(USA) ghost, casper, whitey
(F) peau *f* blanche comme un cul
(E) tono *m* como la leche
Tolle Kellerbräune!
(F) Tu es blanc/blanche comme un cul !
(E) ¡Anda, que estás como la leche!

Keule *f*

Keule fetzen *(bauen, machen, einen Joint bauen)*

(GB) to get a roach, to get a buzz

(USA) to build a joint, to roll a joint, to roll one up, to skin up, to twist one up, to roll a doobie/spliff

(F) rouler un stick

(E) liar, liarse un porro

Kieskneipe *f (Bank)*

bank

(USA) bling bling, money-box

(F) queban *f*

(E) banco *m*

klarkommen

Komm mal klar (mit deiner Welt)! *(Lass mich in Ruhe!)*

Stop bothering me! Leave me alone! Get lost!

(GB) Piss off!

(USA) Buzz off! Fuck off! Take a hike! Take a running jump!

(F) Tu me lâches ! Lâche-moi la grappe !

(E) ¡Vete a tomar por saco!

Klocamper *m (Landstreicher)*
GB vagabond, vagrant, tramp
USA hobo, bum, drifter
F zonard *m*, clodo *m*
E errante *m*

Kloschüsselsprenger *m (Durchfall)*
person with diarrhoea
GB diarrhoea, spitfire bum, person with spitfire bum
USA the green-apple-splatters, Montezuma's revenge
F chiasse *f*, coulante *f*
E diarrea *f*

Klopskind *nt (sehr dumme Person)*
GB dumbarse, plank, blond(e)
USA an airhead, waste of skin, waste of oxygen, two cans short of a six pack
F tachon *m*, tache *f*
E tarado *m*, tarada *f*, subnormal *mf*

Klugscheißmodus *m (Besserwisser, Angeber)*
GB smart-arse, clever dick, clever clogs
USA know-it-all, goody-two-shoes, smart ass, jackass, smart aleck, brainiac
F monsieur je-sais-tout, frimeur *m*, personne qui s'la pète
E listeras *m*

Knallhütte *f (Bordell)*
(GB) knocking shop, massage parlour, whorehouse
(USA) bait shop, cat house, house of fun
(F) boxon *m*
(E) burdel *m*, putiferio *m*, casa *f* de lumis

Knochenschleuder *f (sehr dünner Mensch)*
(GB) wafer, skinny binny
(USA) bag of bones
(F) sac *m* d'os
(E) saco *m* de huesos
Silvia wird immer dünner – sie sieht schon aus wie eine Knochenschleuder!
(GB) Silvia is getting thinner and thinner – she's a skinny binny!
(USA) Silvia is getting thinner and thinner – pretty soon all that's left will be a bag of bones!
(F) Silvia est de plus en plus maigre. C'est un vrai sac d'os !
(E) Silvia está cada vez más delgada – ¡está hecha un saco de huesos!

knörzen *vi (rauchen)*
(GB) to have a fag, to smoke a brown (= from a packet), to have a rollie (= a roll-up)
(USA) to light one up, to go for a smoke, to blaze a square
(F) cloper
(E) echarse un truja

Kommunikationskeule *f (Telefon)*
(GB) phone, moby, grabba
(USA) celli, space phone, lifeline
(F) bigophone *m*
(E) teléfono *m*
Gib mir mal die Kommunikationskeule!
(USA) Give me your lifeline!
(F) Passe-moi le bigophone !
(E) ¡Pásame el teléfono!

Kohlenbeschaffer *pl (Eltern)*
(GB) rents, rentals, olds
(USA) the p's
(F) vieux *mpl*, mapa *mpl*, viocs *mpl*
(E) papis *mpl*
Bekommst du nun das Kinogeld von deinen Kohlenbeschaffern?
(GB) Are your rents going to give you the money for the cinema?
(USA) Are you going to get the cash from your p's?
(F) Tes viocs te fileront la tune pour le cinoche ?
(E) ¿Que a ti te sueltan tus papis la pasta para el cine?

Kopfgärtner *m (Friseur)*
stylist
Ⓕ coupe[-]tifs *m*
Ⓔ peluquero *m*
Mann, bei deiner Frisur würd' ich mal zum Kopfgärtner gehen – echt assi!
Man, you should get your barnet/mullet seen to – it's really rough/it sucks!
Ⓤ Dude, you need to go see a stylist to get that moptop taken care of – it looks like shit!
Ⓕ Putain, avec la tignasse que t'as, j'irais chez le coupe[-]tifs. T'as l'air d'un naze !
Ⓔ ¡Jo, con esta pelambrera yo me pasaría por la pelu!, ¡vaya asco!

Korallenriff *nt (Pickelgesicht)*
pizza face, crater face
Ⓕ calculette *f*
Ⓔ cara *f* como una paella, cara *f* llena de granos pajeros

Krampfadergeschwader *nt (Ansammlung älterer Menschen)*
GB wrinklies, varicose vein brigade
USA raisin ranch
Ⓕ troupeau *m* de viocs
Ⓔ panda *f* de vejestorios
Was macht denn das Krampfadergeschwader auf diesem Konzert?
GB What's that wrinkly doing at this concert?
USA What is the raisin ranch doing here at the concert?
Ⓕ Qu'est-ce que ce troupeau de viocs fout à ce concert ?
Ⓔ ¿Qué hace esa panda de vejestorios en este concierto?

krönungsbedürftig *adj (super, sehr gut)*
super, phat
(GB) wicked, excellent, super, great, phat
(USA) triffic, totally cool, radical, rad
(F) géant, énorme
(E) puntazo *m*
Deine Party gestern war echt krönungsbedürftig!
(GB) Your party yesterday was well phat!
(USA) Your party yesterday was so phat!
(F) Ta teuf hier était vraiment géante !
(E) ¡Tu fiesta de ayer fue un puntazo!

Krümelhusten *m*
Krümelhusten haben *(sich übergeben)*
to vomit, to puke, to throw up
(USA) to upchuck, to toss one's cookies, to kiss the porcelain god, to spew, to hurl, to blow chunks, to heave, to ralph
(F) poser une pizza
(E) cambiar la peseta, echar la pota

Kullerkeks *m*

sich einen Kullerkeks freuen *(sich sehr auf etwas freuen)*

to be well up for it

(USA) to be hyped up about something, to be psyched about, to get all googley, to be pumped up

(F) être trop content(e) de qc

Ich freue mir einen Kullerkeks wegen des Konzerts am Wochenende!

(F) J'ai trop hâte d'être ce week-end pour voir le concert !

(E) ¡Tengo mogollón de ganas de ir al concierto el fin de semana!

Kumpelbumser *m (Betrüger, unaufrichtiger Mensch)*

(GB) backstabber, mofo, double-crosser

(USA) blue falcon

(F) rat *m*

(E) cabrón *m*

Der Typ ist voll der Kumpelbumser.

(USA) He's a blue falcon.

(F) Il est trop rat avec ses potes.

(E) El tío es un verdadero cabrón.

Kunde *m (Typ)*

(GB) client

(USA) guy, dude

(F) keum *m*

(E) pavo *m*

Kurvenschuhe *mpl*

Kurvenschuhe anhaben *(betrunken sein)*
to be drunk, to be hammered
(GB) to be pissed, to be out of it, to be legless, to feel tipsy, to be totally minced
(USA) to be off one's box, to be off one's trolley, to be ripped to the tits, to be canned, to be fucked up/wasted/sloshed
(F) être murgé [*o* pété]
(E) tener una tajada

Latte *f (egal)*
Das ist mir doch Latte!
(GB) I don't give a toss!
(F) J'en ai rien à battre ! Je m'en tape !
(E) ¡Me importa un carajo!

lau
für lau *adj (umsonst)*
for free
(USA) buckshee
(F) gratos
(E) por la ciento tres, por la jerol

Lauch *m (dünne, dumme Person, Schwächling)*
(GB) scrawny geek, skinny nerd, thin prick, boney bastard, weedy pillock, willowy wazzock
(USA) bag of bones, stringbeans
(F) blaireau *m*, bouffon *m*
(E) tolilas *m*
Was'n Lauch, ey, der hat doch keine Ahnung!
(GB) What a thin nitwit, he doesn't have a clue!
(USA) What a bag of bones, he has no idea!
(F) Tu parles d'un blaireau, il est trop naze !
(E) ¡Menudo tolilas, no tiene ni idea!

Laufwerk *nt (Gehirn)*
(GB) gearbox, brick
(USA) rock
(F) disque *m* dur
(E) coco *m*, mollera *f*

lecker *adj (gut aussehend)*
tasty, fine
(GB) fit
(USA) hot, sweet, nice, foxy
(F) bon(ne)
(E) que está para hacerle un favor

losrocken *vi (losgehen)*
(GB) to leave
(USA) to set off, to go-off, to head off
(F) s'arracher, se casser; se barrer
(E) darse el piro
Lass' uns losrocken, sonst kommen wir noch zu spät!
(GB) Let's set off, or we will be late!
(USA) Let's head off, otherwise we'll be too late!
(F) Allez, on s'casse [*o* s'arrache, s'barre], sinon on va être à la bourre !
(E) ¡Vamos a darnos el piro que si no llegamos tarde!

Lungenbedürfnis *nt*

ein Lungenbedürfnis haben *(rauchen wollen, Lust auf eine Zigarette haben)*

(GB) to be dying for a fag, to be gasping
(USA) to want to blaze a square, to want a smoke
(F) vouloir en griller une
(E) tener ganas de echarse un truja

Hast du mir eine Zigarette? Ich hab' so ein starkes Lungenbedürfnis!

(GB) Have you got a cigarette? I'm gasping!
(USA) Do you have a cigarette for me – I really want to blaze a square!
(F) T'as une cigarette ? J'ai trop envie de cloper !
(E) ¿Me das un truja? – ¡tengo unas ganas de echar una calada!

lungenbräunen *vi (rauchen)*

(GB) to have a fag, to have a ciggie
(USA) to smoke, to drag, to blaze a trail
(F) cloper
(E) fumar

Lungenbrötchen *nt (Zigarette)*

(GB) fag, ciggy
(USA) smoke, butt, cig, coffin nail
(F) tige *f*, clope *f*
(E) cigarrillo *m*

Lungentorpedo *m (Zigarette)*
GB fag, ciggie
USA butt, ciggy, grit, smoke, coffin nails, cancer stick
F clope *f*, tige *f*
E pito *m*
Hast du mal einen Lungentorpedo für mich?
GB Got a fag for me?
USA Do you have some coffin nails for me?
F T'as pas une clope [*o* tige] ?
E ¿Me das un pito?

Männerabstellplatz *m (Bierzelt)*
(GB) boozer, beer tent
(USA) beeranda, beer garden
(F) chapiteau *m*
(E) parroquia *f*
Der geht schon wieder zum Männerabstellplatz!
(USA) He's off to the beeranda again!
(F) Il va encore au chapiteau !
(E) ¡Ya va otra vez a la parroquia!

Mafiatorte *f*
sich eine Mafiatorte einwerfen *(Pizza essen)*
(GB) to gulp down a pizza
(USA) to eat a pizza
(F) bouffer [*o* s'envoyer] une pizz
(E) papear una pizza
Lasst uns eine Mafiatorte einwerfen gehen!
(USA) Let's eat a pizza!
(F) Viens [*o* venez], on va bouffer [*o* s'envoyer] une pizz !
(E) ¡Vamos a papear una pizza!

maulen

sich maulen *vr (hinfallen)*
ⒼⒷ to face plant
ⓊⓈⒶ to fall down, to step on the airhose, to take a digger [*o* a header]
Ⓕ se gaufrer
Ⓔ caerse de morros, darse una hostia

Maulpuff *m (Person, die viel küsst)*
ⒼⒷ serial snogger, tonsil tennis club
ⓊⓈⒶ hussy, trollop, skank, cock-tease
Ⓔ persona *f* que se morrea con todos
Sie ist voll der Maulpuff.
Ⓕ Elle est tout le temps en train de rouler des galoches.

Maus *f*
die Maus klicken *(masturbieren)*
ⓊⓈⒶ jelly rolling, head massage for the bald man in the boat, petting the cat
Ⓕ se chatouiller le minou
Ⓔ hacerse un dedo

Mische *f (alkoholisches Mixgetränk)*
ⒼⒷ mixed drink
ⓊⓈⒶ cocktail
Ⓕ mélange *m*, cocktail *m*
Ⓔ mezcla *f* de bebidas alcohólicas

mitmeißeln *vi, vt (im Unterricht mitschreiben)*
to take notes (in class)
(USA) to jot
(F) gratter sur sa feuille
(E) tomar apuntes
Schnell, meißel das mal mit – ist bestimmt wichtig für die Prüfung morgen!
Quick, take notes – it's probably important for the exam tomorrow!
(USA) Quick, jot that down – it's probably important for the exam tomorrow!
(F) Vite, gratte ça sur ta feuille. C'est sûrement important pour l'interro de demain !
(E) ¡Corre, apúntate eso, que seguro que es importante para el examen de mañana!

Motzkeks *m (Nörgler, Nörglerin)*
(GB) moaning minnie/Myrtle
(USA) attention whore
(F) chieur *m*/chieuse *f*
(E) tocapelotas *m*
Du alter Motzkeks!
(USA) You attention whore!
(F) T'es vraiment un chieur/une chieuse !
(E) ¡Eres un tocapelotas!

MOF *m (Mensch ohne Freunde)*
(GB) Billy-no-mates, larry loner
(USA) loner, geek, dweeb
(F) Rémy *m*
(E) autista *mf*, ermitaño *m*, ermitaña *f*
Kein Wunder ist Jörg ein MOF – so ein Streber!
(GB) No wonder Jörg is a billy-no-mates, he's such a swot!
(USA) Jörg is a real loner – he is such a nerd!
(F) Pas étonnant que Jörg n'ait pas de potes. Il s'la pète tellement !
(E) ¡No me extraña que Jörg sea un autista – con lo empollón que es!

Moppelkotze *f (etwas Ekelerregendes)*
something that is disgusting, gross, revolting
(F) merde *f*
(E) algo repugnante

muckelig *adj (gemütlich)*
(GB) cosy, snug
(USA) warm, cosy, comfortable, comfy
(F) cosy
(E) acogedor, super cómodo

Münzmallorca *nt (Solarium)*
GB tanner
USA fake bake
F solarium *m*
E rayos *mpl*

Mundgulli *m (Mundgeruch)*
bad breath, dog breath
F haleine *f* de phoque
E aliento *m* fétido
Mann, hast du Mundgulli!
Man, your breath stinks/honks!
USA Dude, your breath stinks!
F Putain, tu pues de la gueule !
E ¡Te canta el pozo!

Murmelschuppen *m (Kirche)*
church
GB seek and search
USA house of Bible thumpers, house of holy rulers
F église *f*
E iglesia *f*

Muschidübel *m (Tampon)*
Ⓖⓑ pussy plug
ⓊⓈⒶ plug, cigar, cotton pony
Ⓕ tampon *m*
Ⓔ tampón *m*

Muschifön *m (Roller)*
scooter
ⓊⓈⒶ poor man's motorcycle, crotch rocket, razor
Ⓕ scoot *m*
Ⓔ moto *f*

Muschitoaster *m (Sitzheizung)*
Ⓖⓑ pussy toaster, bum boiler, heated seat(s)
ⓊⓈⒶ butt warmer
Ⓕ chauffe-cul *m*
Ⓔ calienta huevos *m*

Nabelküsser *m (kleiner Junge/Mann)*
short stop, shortie, midget
(USA) twerp
(F) p'tit mec *m*
(E) canijo *m*, enano *m*

Nahkampfstachel *m (Penis)*
prick, dick, cock, boner
(USA) schlong, wang (center), dank, johnson, dipstick, womb broom
(F) teub *f*
(E) polla *f*

Naturwollsocken *pl (starke Beinbehaarung)*
(GB) gorilla legs
(USA) hairy legs
(F) jambes *fpl* de yéti
(E) melena *f* en las piernas
Naturwollsocken tragen
(F) avoir des jambes de yéti

Nebenchecker *m (Nachbar)*
(GB) (nosey) neighbour
(USA) nosy neighbor
(F) voisin *m*
(E) vecino *m*

Nippelwetter *nt*
Ⓖ brass monkey weather
Ⓤ nipply weather, colder than a bear's ass
Mensch, ist das kalt! Das ist ja totales Nippelwetter!
Ⓖ Man, it's cold! It's real brass monkey weather!
Ⓤ Boy is it cold! We are really having some nipply weather!
Ⓕ Putain, ça caille ! Tu parles d'un temps de merde !
Ⓔ ¡Joder, qué frío! ¡Vaya rasca que hace!

Nougatfalte *f (Poritze)*
Ⓖ brown eye
Ⓤ wuzzway, plummer's crack
Ⓕ raie *f* du cul
Ⓔ raja *f* del culo

Nullchecker *m (dumme oder untalentierte Person)*
stupid or completely useless person
Ⓤ dead from the neck up
Ⓕ nullos *m*
Ⓔ cero *m* a la izquierda

one pack *m (Bierbauch)*
beer belly
(GB) beer gut, love handles
(USA) to have a Buddha belly
(F) brioche *f*, gros bide *m*
(E) panza *f* cervecera

Opfer *nt (Idiot, Trottel)*
jerk, freak, social retard
(GB) saddo
(USA) loser, sad sack [*o* case]
(F) bouffon *m*
(E) gilipollas *m*, imbécil *m*
Der Typ ist total das Opfer.
That guy's a total saddo.
(F) C'est un vrai bouffon ce mec.
(E) Ese tipo es un gilipollas.

optisch
voll optisch *adj (gutaussehend)*
(GB) stunning, eye candy, lush, shaggable
(USA) hot, smokin, hottie
(F) top, trop canon
(E) potente, para untar

Orgasmusbeschleuniger *m (Schnurrbart)*
GB fanny tickler
USA flavor savor, face fungus, mutton chop
F chatouille-minou *m*
E bigote *m* (el acelerador de orgasmos)

Ossiporsche *m (Trabbi, Trabant)*
trabant car
F trabi *f*
E Trabant *m* (coche de la antigua RDA)

Ossimatte *f (schlechte Frisur)*
GB bad haircut, mingin haircut
USA bad `doo, bad hair day
F coiffure [*o* coupe] *f* de gros naze
E peinado *m* hortera
Was für eine Ossimatte!
GB What a crap/bad/mingin haircut!
USA You have such a bad doo!
F Tu parles d'une coiffure [*o* coupe] de gros naze !
E ¡Vaya peinado hortera!

Pappmaul *nt (trockener Mund)*
ein Pappmaul haben *(einen trockenen Mund haben)*
(USA) to have a cotton mouth
(F) avoir la gueule pâteuse
(E) tener la boca pastosa

Parkbankphilosoph *m (Obdachloser)*
(GB) park bench philosopher
(USA) low-life, bag lady
(F) clodo *m*
(E) desamparado *m*, indigente *m*

parken *vi*
bei jdm parken *(mit jdm Sex haben)*
(GB) to have it off with sb, to bonk sb
(USA) to put Jack in the box
(F) niquer quelqu'un
(E) tirarse, follarse, hacerse, cepillarse, petarse a alguien
Heiße Schnecke – bei der würde ich gerne mal parken!
(GB) She's a bit of hot totty – I wouldn't mind shagging her!
(USA) Boy is she hot – I would love to put Jack in the box!
(F) Elle est canon, j'y tremperais bien ma nouille !
(E) ¡Vaya tía buena – ya me gustaría echarle un polvo!

Parkettkosmetikerin *f (Putzfrau)*
(GB) Mrs Mop
(USA) cleaning lady
(F) conchita *f*
(E) limpiadora *f*

Parmesanregen *m (Schuppen)*
dandruff
(USA) flakes
(F) pellicules *fpl*, de la neige sur les épaules
(E) caspa *f*

Partyparasit *m (uneingeladener Partyteilnehmer)*
(GB) gatecrasher
(USA) party crasher, random
(F) incruste *mf*, parasite *mf*
(E) gorrón *m*, gorrona *f*
Jörg kommt immer uneingeladen! So ein Partyparasit!
(GB) Jörg always arrives uninvited – what a gatecrasher!
(USA) Jörg always shows up uninvited! He is such a random!
(F) Jörg vient toujours sans être invité! Il s'tape toujours l'incruste !
(E) ¡Jörg siempre se planta en las fiestas sin que se le invite! ¡Vaya gorrón!

Partyschranke *f (jemand, der nicht gerne feiert)*
partypooper
(USA) wall flower, life of the party
(E) muermo *m*, persona a quien no le van las fiestas
Ich wollte zu der Fete, aber mein Alter natürlich nicht – diese Partyschranke!
(F) J'voulais aller à la fête, mais mon vieux bien sûr non. Tu parles d'un bonnet de nuit !

Pattexbeziehung *f (enge Beziehung zwischen zwei Menschen, die nichts allein unternehmen)*
(GB) velcro relationship, joined-at-the-hip relationship
(USA) couple joined at the hip
(E) paquete *m* de dos
Ich hab genug von dieser Pattexbeziehung!
(F) J'en ai marre qu'on soit toujours collés ensemble !

peilen *vt (verstehen)*
(GB) to grok, to be clued up
(F) capter
(E) entender, pillar

Pennerglück *nt (Bierkasten)*
beer crate
(USA) beer case, a rack of beer
(F) caisse *f* de binouzes
(E) caja *f* de cervezas

Pestlippe *f (Herpes haben)*
(GB) herpes
(USA) herpes labialis, herpes, vd
(F) herpes *m*
(E) herpes *mf* labial

Pfosten *m (dumme Person)*
(GB) plank
(USA) brick short of a load, two cans short of a six pack
(F) gland *m*, cave *m*
(E) tara(d)o *m*, tarada *f*
Mann, was ist denn das für ein Pfosten – der kapiert ja gar nichts!
(GB) What a plank – he doesn't understand a thing!
(USA) Man, he is dumb as a stump – he doesn't get anything!
(F) Putain, tu parles d'un gland. Il capte que dalle !
(E) ¡Joder, qué tío más subnormal – no se entera de nada!

phat *adj (sehr gut)*
brilliant
(F) trop bon(ne)
(E) superguay

Pimmelkrause *f (kurzer, lockiger Haarschnitt)*
(USA) 'fro „Nice fro there."
(F) afro *f*
(E) pelo *m* rasta

pitschen *vt*
eins pitschen *(ein großes Glas Bier trinken)*
(GB) to skull
(USA) to guzzle
(F) siffler une bière
(E) tomarse una birra
Lass uns in den Biergarten gehen und eins pitschen!
(GB) Let's go to the beer garden and skull!
(USA) Let's go to a bar and guzzle down a few beers!
(F) Viens, on va en siffler une en terrasse !
(E) ¡Vamos a una terraza a tomarnos unas birras!

plätsche *adj (bescheuert, durchgeknallt)*
mental, mad
(USA) koo koo, cracked, looney, whacked, crazy, loopy
(F) golio
(E) grilla(d)o/grillada, pira(d)o/pirada

Plantschkuh *f (Nilpferd)*
hippo
(F) hippopotame *m*
(E) hipopótamo *m*
Auf der Safari haben wir sogar Plantschkühe gesehen!
On the safari, we even saw hippos!
(F) On a même vu des hippopotames pendant le safari !

Plastikgangster *m (sich cool vorkommender Junge, der auf HipHop steht)*
(GB) coolie
(USA) player, ghetto superstar, hip hop head
(F) rappeur *m* des banlieues
(E) guay *m*

Plattenpräsident *m (Discjockey)*
DJ, turntabler
(GB) selecta, wheelspinner
(USA) spin doctor
(F) DJ *m*
(E) pincha *m* (discos), deejay *m*
Welcher Plattenpräsident legt heute auf?
(GB) Which DJ is spinning tonight?
(USA) Who's the spin doctor tonight?
(F) C'est qui le DJ ce soir ?
(E) ¿Qué pincha hay esta noche?

Playa *m (gutaussehender Junge)*
(GB) gorgy boy, gorgy lad, gorgy guy
(USA) playa, cutie, cutie-pie
(F) canon *m*, keum mignon *m*
(E) macizorro *m*

polen *vt* 1. *(klauen, stehlen)* 2. *(abschreiben, spicken)*
GB 1. to nick, to steal, to rip, to tax, to gaffle, to skank, to dice; 2. to copy, to crit
USA 1. to get a 5-finger discount; 2. to be a copy cat
F 1. endormir, tirer, embrouiller; 2. carotter, pomper
E 1. choricear; 2. chuletear

Pommespanzer *m (korpulente Person)*
GB bloater, jelly belly, lard-arse
USA Porky the pig, beached whale, tub of lard, lardass
F gros lard *m*, grosse vache *f*
E foca *f*
Der ist vielleicht ein Pommespanzer.
GB What a lard boy.
USA Check out chubby.
F Tu parles d'un gros porc.
E Ese está hecho un armario.

Pommessträhnen *fpl (fettige Haare)*
greasy hair
F tifs gras *mpl*
E pelo *m* grasiento

ponsig sein *adj (einen großen Wortschatz besitzen)*
(GB) to know a lot of vocab
(USA) to know a lot of vocabulary, to have a very good vocabulary
(F) avoir du vocabulaire.
(E) ser un diccionario con patas

Popelteppich *m (Taschentuch)*
snot rag
(F) tire-jus *m*
(E) moquero *m*

poppen *vi (Geschlechtsverkehr haben)*
(GB) to get laid, to shag
(USA) to do the nasty, to knock boots, to seal the deal, to bang
(F) niquer
(E) echar un polvo, follar

porno *adj (super)*
extreme
(USA) awesome, the/da bomb, pimp, bitchin', wicked, tight
(F) dément(e)
(E) superguay

Pornobalken *m (Möchtegern-Schnurrbart)*
facial fungus
(GB) teenage 'tache, bum fluff
(USA) scruff, peach fuzz, 5 o'clock shadow
(F) pisseux *m*
(E) bigotillo *m*

Puddingdampfer *m (dicke, übergewichtige Person)*
(GB) pie eater, whale, helipad, bloater, blob, blimp
(USA) fat ass, fat bastard, tubby, tubbo, lardass
(F) veau *m*, baleine *f*, tas *m*
(E) bola *f* con patas, mesa *f* camilla

Pulloverschwein *nt (Schaf)*
sheep
(F) mouton *m*
(E) oveja *f*

Radierer *m*

einen Radierer schlucken *(die Pille danach nehmen)*
(GB) to take the morning-after pill/an eraser
(USA) to take the after-pill
(F) bouffer [*o* avaler] la pilule du lendemain
(E) tomar la píldora del día después

ralle *adj (betrunken)*

steaming, rocking, wasted
(F) murgé(e), pété(e), cassé(e)
(E) colocado

rallen *vt (verstehen)*

to understand
(USA) to get it
(F) imprimer, capter
Jetzt rall ich das!
Now I get it!
(F) Ça y est, j'imprime [*o* j'ai capté] !
(E) ¡Ahora lo pillo!

Rammelbeutel *m (Kondom)*
rubber, johnny
GB durex
USA condom, raincoat, Hefty, Trojan
F capote *f*
E condón *m*, chubasquero *m*

Rammelbude *f (Bordell)*
GB knocking shop, massage parlour, whorehouse
USA bait shop, cat house, house of fun
F boxon *m*
E burdel *m*, putiferio *m*, casa *f* de lumis

Ranzratte *f (Person, die wenig Wert auf Hygiene legt)*
stinker
GB minger
USA dirt-bag, scum-bag
F crado *mf*
E guarrón *m*/guarrona *f*

Rauchmelder *m (Pausenaufsicht)*
smoking patrol
GB fag watch
USA hall monitor
F pion *m*
E profe *m* que vigila el patio

Red-Nose-Time *f (Schnupfen)*
(GB) red nose time
(USA) nasal diarrhea
(F) crève *f*
(E) trancazo *m*

reinhauen *vi*
Hau rein! *(tschüss!)*
bye, laters
(GB) speak soon
(USA) (catch/check ya) later, c-ya, hasta luego, all right then, adios
(F) ciao
(E) chao, nos vemos

reinstressen *vi (Hektik verbreiten)*
to get stressed
(GB) to throw a barney
(USA) to flip/freak out, to go nuts/psycho/postal, to lose it, to be out of control
(F) être speed
(E) poner de los nervios

Reiterhof *m (Bordell, Puff)*
knocking shop, whorehouse
(USA) cat house, house of ill repute
(F) bordel *m*
(E) puticlub *m*

Rennleitung *f (Polizei/Verkehrspolizei)*
LAPD (=Los Angeles Police Department)
(USA) cops, police, law enforcement, traffic police, the fuzz, copper, feds, the five O
(F) keufs *mpl*
(E) pasma *f*
Gestern hatte ich wieder mal Stress mit der Rennleitung.
(GB) Yesterday, I got into trouble with the police/the LAPD again.
(USA) Yesterday I had some trouble with the fuzz.
(F) Hier, les keufs m'ont encore pris la teuté.
(E) Ayer tuve otra vez movida con la pasma.

Rentner-Bravo *f (Apothekenrundschau)*
the pharmacist's health magazine
(F) magazine *m* de médocs
(E) revista *f* de farmacia

Restaurant zur Goldenen Möwe *nt (McDonalds)*
McDonalds
(USA) Micky D's, Big M supper club, Golden Arches
(F) Mac Do
Ich hab' Hunger, lass uns noch ins Restaurant zur Goldenen Möwe gehn'!
(GB) I'm hungry/starvin', let's mac out!
(USA) I'm hungry, let's to the Big M supper club!
(F) J'ai la dalle, on va se faire un Mac Do !
(E) Tengo hambre, ¡vamos al McDonalds!

Ritzenputzer *m (Stringtanga)*
thong, tanga, string, crack splitter, cheese wire
(USA) G-string
(F) coupe[-]crotte *m*
(E) tanga *m* (de cordón)

rolexen *vi (angeben)*
(GB) showin' off
(USA) to boast, to show off, to brag, to act a fool
(F) se la péter
(E) fardar
Jetzt hör auf mit deiner neuen Tasche zu rolexen, wir haben sie ja alle gesehen!
(GB) Stop showin' off with your new bag, we've all seen it already.
(USA) Stop showing off your new bag, we all saw it.
(F) Arrête de t'la péter avec ton nouveau sac, c'est bon, on l'a vu.
(E) Deja ya de fardar con tu bolso que ya lo hemos visto.

Rotzschleuder *f (Frau, die sehr viel weint)*
cry baby
(GB) wet blanket, weeper
(USA) bawl baby, attention whore, whiner
(F) pignouse *f*, chialeuse *f*, pleurnicheuse *f*
(E) llorona *f*

Rotzstopper *m (Schnurrbart)*
(GB) moustache, facial fungus
(USA) moustache, face-fungus, flavor saver
(F) moustache *f*
(E) mostacho *m*

rudeln *vi (Gruppensex haben)*
to gang bang
(GB) to swing
(USA) to daisy chain
(F) partouzer
(E) montarse una orgía

Rudelpisser *pl (Mädchen, die in Gruppen zur Toilette gehen)*
(GB) pack pisser(s), group/girlie slash
(USA) piss party
(F) meufs *fpl* qui vont aux chiottes ensemble
(E) chicas *fpl* que van al servicio en panda

rumhauen *vi (küssen oder auch mehr)*
(GB) to snog, to get it on
(USA) to kiss, to mack (on sb)
(F) se bécoter
(E) darse el lote

rumlecken *vi (Zungenküsse austauschen)*
(GB) to snog, to pull
(F) se rouler des pelles [*o* patins]
(E) morrearse

rumlöffeln *vi (sich küssen)*
to kiss
(GB) to snog
(USA) to make out, to mack (on sb)
(F) se bisouiller
(E) darse el pico

rummädeln *vi (wehleidig sein)*
to whinge, to moan
(F) pigner
Hör auf hier rumzumädeln!
Stop whingeing!
(F) Arrête de pigner !
(E) ¡Deja de hacer el quejica!

Rüsselpest *f (Schnupfen)*
cold, snotty nose
(F) crève *f*
(E) constipado *m*

Saftschubse *f (Flugbegleiterin)*
stewardess
(USA) female flight attendant, trolley dolly
(F) hôtesse *f* de l'air
(E) azafata *f*
Gestern im Flugzeug lief 'ne süße Saftschubse rum.
(GB) There was a fit/gorgy stewardess walking around on the plane yesterday.
(USA) Yesterday there was such a cute trolley dolly in the plane.
(F) Hier dans l'avion, y avait une hôtesse trop mignonne.
(E) Ayer en el avión había una azafata monísima.

Sauerstoff *m*
voll Sauerstoff *adj (überdreht, verrückt)*
(GB) bonkers, crazy
(USA) screwed up, hyper, wacked, wacko, psycho, nuts, nut-case, nut-job, looney-bird
(F) à la masse
(E) zumbao

saugen *vt (downloaden)*
to leech, to download
(F) pomper
(E) descargar [*o* bajarse] (de Internet)

Schädelficken *nt (Kopfschmerzen)*
headache
(USA) head-splitter
(F) mal *m* de crâne
(E) dolor *m* de pelota
Ich hab' Schädelficken.
(GB) I've got a headache.
(USA) I have a head-splitter.
(F) J'ai un putain de mal de crâne.
(E) Tengo dolor de pelota.

schicken *vt (nerven, stressen, aufregen)*
(USA) to stress/freak out
(F) stresser, gaver
(E) poner a cien a
Das plötzliche Geräusch schickte ihn.
(USA) The sudden noise freaked him out.
(E) El ruido repentino le puso a cien.
Dauernd kommt sie angerannt und will was – das schickt mich!
(F) Elle déboule sans arrêt pour demander quelque chose, ça m'stresse [*o* m'gave] !

schimmeln *vi (nichts tun, rumhängen)*
(GB) to chill, to relax
(USA) to bum around, to knock around, to hang-out, to mess around, to waste time, to dick around
(F) glander
(E) vegetar
Wir haben gestern den ganzen Nachmittag nur geschimmelt.
(GB) Yesterday, we chilled the whole afternoon.
(USA) We hung out all day yesterday.
(F) Hier, on a glandé tout l'après-midi.
(E) Ayer estuvimos toda la tarde vegetando.

Schlampenphase *f (Tiefpunkt in der Pupertät)*
(E) edad *f* del pavo
Meine Schwester ist grad mitten in der Schlampenphase, nicht auszuhalten!
(GB) My sister is totally pubescent, can't stand it!
(USA) My sister is going through puberty, we can't handle her!
(F) Ma soeur a les poils qui poussent, elle est trop casse-couilles !
(E) ¡Mi hermana está en la edad del pavo y no haya quien la aguante!

schlauchen *vt (schnorren)*
to scrounge
(GB) to blag
(F) taxer
(E) gorrear

Schmacko *m (attraktiver Junge)*
hottie
Ⓔ tío *m* bueno
Mm, nich' schlecht, dein Bruder is' echt 'n Schmacko!
Mm, not bad, your brother's really fit!
Ⓔ ¡Mm, no está mal, tu hermano está bueno!

Schmutzwurst *f (perverse Person)*
perv
GB pervert, mink (female)
USA perverted person
Ⓕ cochon *m*, gros porc *m*
Du Schmutzwurst!
GB You fucking perv!
Ⓔ ¡So guarro!

Schneckattack *f (Situation, in der sich ein Junge plötzlich mit mehreren attraktiven Mädchen konfrontiert sieht)*
GB horn attack
Ⓕ plan *m* gonzesses
Ⓔ situación en la que un chico tiene que vérselas con varias chicas a la vez

Schnellficktreff *m (Diskothek)*
(GB) quickie club, pickup point
(USA) meat market
(F) baisodrome *m*
(E) garito *m* para picar

Schnellscheißerhose *f (Hose mit tief sitzendem Bund)*
(USA) wiggers, bagsters
(F) baggy *m*
(E) pantalones *mpl* de rapero
Zieh dir mal deine Schnellscheißerhose hoch – die hängt schon fast bis zum Boden!
(USA) Pull up your wiggers – they're hanging on the floor!
(F) Remonte ton baggy, il te descend presque jusqu'aux chevilles !
(E) ¡Súbete esos pantalones de cagón, que ya los llevas por los suelos!

Schnippi *m* 1. *(Penis)* 2. *(Dummkopf, Tollpatsch)*
1. dick, knob, prick, dipstick; 2. dumbass, dickhead, prick
(F) 1. teub *m*, zob *m;* 2. tache *f*, bouffon *m*
(E) 1. polla *f*; 2. patoso *m*, caraculo *m*

Schnodderseuche *f (Schnupfen, Erkältung)*
cold, sneeze
(USA) sniffles *pl*
(F) crève *f*
(E) resfriado *m*

Schnürschinken *m (korpulente Person in enger Kleidung)*
porker
(USA) bustin' the seams
(F) boudin *m*
Boah, was fürn Schnürschinken!
(F) Putain, regarde le boudin comment il est saucissonné dans ses fringues !
(E) ¡Vaya (una) morcilla!

schorlen *vi (Getränke mixen, mischen)*
(GB) to mix (drinks)
(F) faire un cercueil
(E) hacer mezclas

Schulbankglotzer/-wärmer *m (Schüler/-in)*
pupil
(F) élève *m/f*
(E) colegial/a *m/f*

Schwitzrückenseminar *nt (Sauna)*
(GB) sweatbox
(USA) sauna
(F) sauna *m*
(E) sauna *f*

Seniorenbarbie *f (aufgetakelte Seniorin)*
(GB) dressed up granny
(USA) senior citizen who is all dressed up, duchess, mutton dressed as lamb
(F) vieille peau *f*
(E) pitita *f*

shredden *vi (skaten)*
(GB) to shred
(USA) to thrash
(F) faire du skate, skater
(E) patinar con el monopatín [*o* los patines en línea]

snacken gehen *vi (eine Kleinigkeit essen)*
to go for a bite
(USA) to grab a bite/something to eat/a snack
(F) s'taper un p'tit truc à bouffer
(E) tomar un bocado

Softwürfel *m (Weichei, sensible Person)*
GB wuss
USA softy
F couille *f* molle
E blandengue *mf*, ser una niña *(auf Jungs bezogen)*
Sei kein Softwürfel und komm mit!
Don't be such a wuss, come with us!
USA Don't be such a softy, just come along!
F Fais pas ta couille molle et viens avec nous !
E ¡No seas dengue y vente!

sozialistisch umlagern *vi (stehlen)*
to steal
GB to nick
USA to rip-off, to nab, to have sticky fingers, to 5-finger discount
F barboter, chourer
E afanar

Spargelstecher *pl (Damenschuhe, die vorne spitz zulaufen)*
GB winkle-pickers, witch(y) shoes, munchkins
USA cockroach killers, winkle pickers
F chaussures *fpl* à bout pointu
E zapatos *mpl* de chúpame la punta

Speichelhockey *nt (Zungenkuss)*
Speichelhockey spielen
to play tonsil tennis
(GB) to snog
(USA) to french kiss, to play tonsil hockey, to swap spit
(F) steak *m*, galoche *f*, pelle *f*
(E) comida *f* de boquerón
Betti und Thorsten haben gestern den ganzen Abend Speichelhockey gespielt.
(GB) Betti and Thorsten were at it all night.
(USA) Betty and Thorsten were playing tonsil tennis all night yesterday.
(F) Betti et Thorsten se sont roulé des steaks [*o* se sont galochés] toute la soirée hier.
(E) Betti y Thorsten estuvieron toda la noche comiéndose el boquerón.

Spliss
Das ist Spliss! *(etwas schlecht finden)*
(GB) That is mingin!
(USA) That stinks! That sucks!
(F) C'est de la daube !
(E) ¡Eso es una chungada!

Sportwagendeko *f (Blondine in Sportwagen)*
(GB) a bimbo in a sports car, a dumb blonde in a sports car
(USA) ferrari figurehead
(F) blondasse *f* en cabrio
(E) rubia *f* en coche deportivo

Sprechkäse *m (Speichelreste im Mundwinkel)*
crust
(USA) drool, gunk, spittle
(F) bave *f*
(E) baba(s) *f(pl)* en la comisura de la boca

Spritzpups *m (feuchte Blähung)*
(GB) follow-through, juicy one
(USA) squirter
(F) pet *m* foireux
(E) rasgada *f*

Sprühwurst *f (Durchfall)*
Niagara falls, runs, shits
(USA) shittin' curry, Hershey squirts, the runs, backdoor trots
(F) chiasse *f*, déripette *f*
(E) cagalera *f*
Den ganzen Urlaub über hatte ich Sprühwurst.
I had the Niagara Falls all holiday.
(USA) I was shittin' curry during my entire vacation.
(F) J'ai eu la chiasse pendant toutes les vacances.
(E) Me pasé todas las vacaciones con cagalera.

Standard! *(Natürlich!)*
Of course!
(USA) Ya right! Yo!
(F) C'est clair !
(E) ¡Venga!

Standgebläse *nt (sehr kleiner Mensch)*
(GB) shortie, short-arse, short stop, midge, vertically challenged person
(USA) tiny tim, elf, midget
(F) nain *m*, nabot *m*
(E) tapón *m*, retaco *m*
Schau mal, was für'n Standgebläse!
(USA) Hey, look at Tiny Tim!
(F) Vise un peu le nain !
(E) ¡Mira que retaco!

stanie *adj (normal, dem Standard entsprechend)*
normal
(USA) standard, run of the mill
(E) claro, fijo
Es war stanie, dass ich den Test bestanden habe.
(GB) It was normal for me to pass the test., It was normal for me to have passed the test.
(USA) It was a run of the mill task to pass the test.
(F) C'était trop évident [*o* clair] que je réussisse l'examen.
(E) Estaba claro que iba a aprobar el examen.

steil gehen *nt (Party machen, wild abfeiern)*
(GB) to go clubbing, to have a party
(USA) to party, to rock
(F) teufer à donf
(E) armar fiesta
Heute gehen wir steil!
(GB) Let's go clubbing today.
(USA) Tonight we're going to rock!
(F) Aujourd'hui, on va teufer à donf !
(E) ¡Hoy armamos fiesta!

sticksie *adj (spindeldürr)*
(GB) stick thin, thin as a rake, anorexic stick insect
(USA) skinny as a rail, toothpick, sandwich girl
(F) maigre comme un clou
(E) espárrago *m*, chuletilla *f* rebañada

Stopfer *m (sehr dicke Person, die sehr viel isst)*
bloater
(USA) blimbo, porky the pig, pudgy, large Marge, hog, blimp
(F) grosse bouffe *f*
(E) manteca(s) *mf*, zampabollos *mf*

strack *adj (betrunken)*
bombed, hammered, mashed, smashed, wasted, drunk as a skunk
(GB) pissed as a fart
(USA) trashed, fucked-up, annihilated, obliterated, ripped, loaded, blitzed
(F) blindé(e)
(E) colocado, colocada

Straßenpizza *f*
eine Straßenpizza produzieren *(sich übergeben)*
(GB) to chunder, to whitey, to vom, to Wallace and Gromit
to toss one's cookies, to yawn in Technicolor, to laugh at the ground, to dial the big white porcelain telephone, to drive the big white porcelain bus, to upchuck
(F) poser une galette
(E) echar la pota en la calle; potar en la calle
Mir ist so übel – ich glaub', ich muss 'ne Strassenpizza produzieren!
(GB) I feel really ill – I think I'm going to have to Wallace and Gromit!
(USA) I feel so sick – I think I'm going to puke!
(F) Je suis trop mal! Je crois que j'vais gerber !
(E) ¡Estoy de puta pena – creo que voy a echar la pota en plena calle!

stratzen *vi (gehen)*
to leg it, to peg it
Ⓔ irse, abrirse
Ich stratz' da mal hin zum Kino.
I'll leg it to the cinema.
(USA) I'm leggin' it to the movies.
Ⓕ J'vais m'faire une toile.
Ⓔ Me voy al cine.

Streuselschnecke *f (Person mit Pickeln im Gesicht)*
pizza face, zit face, lots of pizza with extra cheese
Ⓕ calculette *f*, boutonneux *m*/boutonneuse *f*
Ⓔ uno/una que tiene la cara como una paella, uno/una con granos pajeros

Studentengurke *f (Fahrrad)*
(GB) dunger, boneshaker, rust bucket
(USA) scrambler
Ⓕ vieille bécane *f*
Ⓔ trasto *m* de bici, bici *f* mierda
Bist du mit dem Auto gekommen? – Nee, mit meiner Studentengurke!
(GB) Did you come in the car? – No, in my rust bucket!
(USA) Did you come by car? – No, I grabbed the old scrambler!
Ⓕ T'es venu en voiture ? – Non, avec ma vieille bécane !
Ⓔ ¿Has venido en coche? – No, ¡en el trasto de mi bici!

stummelbumsen *vi (eine Zigarette an einer brennenden Zigarette anzünden)*
(GB) to grab a spark
(USA) to steal a light
(E) pasar el pitillo, pasar la lumbre
Ey, yo können wir mal eben stummelbumsen?
(USA) Hey, can I steal a light?
(F) Passe-moi ta clope pour que j'allume la mienne.
(E) ¡Venga, pásame el pitillo!

Suppe
die Suppe umtüten *vi (sich übergeben)*
(GB) to vomit, to be sick, to puke, to hurl, to barf, to spew, to chuck, to bow down to the porcelain God
(USA) to throw up, to hurl chunks, to spew, to blow chunks, to pray to the porcelain gods
(F) gerber, dégueuler
(E) echar la pota, potar
Nach der Party gestern musste ich erstmal die Suppe umtüten.
(GB) After the party yesterday, I had to throw up first thing.
(USA) After the party yesterday I had to hurl chunks.
(F) Après la teuf d'hier, j'ai trop gerbé [*o* dégueulé].
(E) Después de la fiesta tuve que potar.

Synapsentango *m*
Der ist voll im Synapsentango. *(völlig betrunken)*
He's completely out of his brains.
(USA) He's completely shit-faced, smashed, wasted, trashed, tanked, sloshed, tanked, pickled
(F) Il est complètement bourré [*o* pinté].
(E) está mamado, está pedo, vaya un globo que lleva

Tafelglotzer *m (Streber)*
(GB) bore, square, do-gooder, boffin, swat
(USA) swot, nerd, grind, geek, brainiac, spod
(F) lèche[-cul] *m/f*
(E) trepas *m*, traga *m*

Taschendrachen *m (Feuerzeug)*
lighter
(F) feu *m*
(E) encendedor *m*

Teller *m*
am Teller drehen *(durchdrehen)*
to crack up, to lose it
(GB) to throw a barney
(USA) to freak out, to go crazy/nuts/postal
(F) péter un câble
(E) pasarse de rosca
Ich dreh' gleich am Teller!
I'll flip in a minute!
(USA) I'm about to lose it!
(F) J'vais péter un câble !

Teppichporsche *m (kleiner Hund)*
(USA) rat, rat dog, mut, yipper, pooch, ankle biter
(F) p'tit iench *m*, p'tit clebs *m*
(E) chucho *m* canijo
Was? Das soll ein Hund sein – sieht eher aus wie ein Teppichporsche!
What? You call that a dog – it looks more like a rat to me!
(F) Quoi ? C'est un chien ça ? Ça ressemble plutôt à une crotte !

Terrorkrümel *m (nervende Person)*
(GB) (pain in the) arse
(USA) uptight, Captain Bringdown
(F) pète-couilles *m*, casse-couilles *m*
(E) (me) pones de los nervios
Lass mich endlich in Ruhe, du Terrorkrümel!
(GB) Leave me in peace – you're a pain in the arse!
(USA) Leave me alone – you are such a Captain Bringdown!
(F) Fous-moi la paix ! T'es vraiment casse-couilles !
(E) ¡Déjame en paz de una vez – tío plasta!

tickern *vt (eine SMS/mehrere SMS schreiben)*
to text
(F) textoter
(E) escribir

tight *adj (super)*
super
(GB) phat
(USA) awesome, It rocks!, solid, sweet, wicked, tight
(F) dément, énorme
(E) pasote

Tittenfisch *m (dicker Mann mit großen Brüsten)*
(GB) saggy pecs, D-cup, tit features
(USA) man-boobs, moobs, breasticle, mantits, man who needs a man-bra
(F) keum *m* avec des nibes
(E) armario *m*, sostén *m*

Tittenstrick *m (BH)*
tit sling
(USA) melon strap, tittie tent, over the shoulder boulder holder
(F) soutif *m*
(E) sujetador *m*

Treibhaus *nt (Bordell)*
(GB) knocking shop, massage parlour, whorehouse
(USA) bait shop, cat house, house of fun
(F) boxon *m*
(E) burdel *m*, putiferio *m*, casa *f* de lumis

Tsatzikihupser *m (Grieche)*
Greek
GB „bubble" – from bubble and squeak, Cockney rhyming slang for Greek
F Grec *m*
E griego *m*

Tubensonne *f (Selbstbräuner)*
GB tube tan, San Tropez
USA self-tanning lotion
F autobronzant *m*
E moreno *m* de bote

Turn *m*
keinen Turn haben *(in schlechter Stimmung sein)*
GB to not be arsed
USA to be in an ugly, to be in a pissy/bitchy mood
F ne pas être dans le move
E estar de mal rollo, estar de mala hostia
Lass mich in Ruhe – ich hab heut' absolut keinen Turn!
GB Leave me alone, I can't be arsed today!
USA Leave me alone, I'm in an ugly!
F Lâche-moi, j'suis pas dans le move aujourd'hui !
E ¡Déjame tranquilo que hoy ando de mala hostia!

Türstehergrill *m (gasbetriebener Heizstrahler, meist vor Diskotheken oder Bars)*
(GB) security toaster
(USA) radiator
(F) radiateur *m* extérieur
(E) estufa *f*
Dreh mal den Türstehergrill runter, ich krieg schon Sonnenbrand.
(USA) Turn down the radiator, I'm getting a sunburn.
(F) Baisse le radiateur extérieur, j'suis en train de griller.
(E) Quita la parrilla que ya estoy tostado por un lado.

Umdrehung *f (Alkoholgehalt eines Getränks)*
proof, percent
(USA) potency
(E) porcentaje *m* de alcohol de una bebida
Auf der Party war ich total strack – dieser Wodka hat tierisch Umdrehungen!
(F) J'étais pété(e) à la teuf, cette vodka arrache à mort !

umtapezieren *vi (die Damenbinde wechseln)*
(GB) to redecorate, to change (sanitary) pads
(USA) to change the rag
(F) changer sa couche
(E) quitarse el pastel

uniformierter Bewegungsmelder *m (Verkehrspolizist)*
traffic cop
(USA) man in blue, Johnny law, pig, piggy, five-O, fuzz
(F) keuf *m*
(E) policia *m* en uniforme que arregla el tráfico
Fahr langsam – an der Kreuzung steht ein uniformierter Bewegungsmelder!
(GB) Drive slowly – there's a traffic cop at the crossroads!
(USA) Drive slower – a man in blue is regulating traffic!
(F) Ralentis, y a un keuf au carrefour !
(E) ¡Despacio, que en el cruce hay un munipa!

Upstyler *m (modisch gekleidete Person)*
fashion/style icon
(GB) upstyler
(F) kissman *m*
(E) persona *f* vestida a la última moda
Ihr neuer Stecher is'n Upstyler, immer voll cool!
Her new crush is an upstyler, always really cool!
(USA) The guy she's got a crush on is a total fashion icon, always way cool!
(F) Son nouveau mec est le roi de la sape, toujours classe !
(E) Su nuevo amigo va siempre vestido a la última, ¡es superguay!

verludert *adj (sehr attraktiv)*
done up, dolled up, styled up
(USA) spliffy, all buffed up, spiffed up, primped up, cleaned up good, gussied up
Du siehst aber heute ganz schön verludert aus.
(F) T'es super classe aujourd'hui. T'es trop beau/belle aujourd'hui.
(E) Estás que rompes hoy. Hoy te sales.

vierlagig *adj*
Massiv vierlagig! *(extrem gut)*
multi-talented
(GB) lush
(F) tip top
(E) superbueno

voll nich *adv* 1. *(auf gar keinen Fall)*, **2.** *(ganz und gar nicht, überhaupt nicht)*
(GB) no way (José), not on your nelly, not bloody/fucking likely!
(USA) get out!, for real
(F) 1. Pas question !, dans tes rêves !; 2. pas du tout !
(E) ni de coña

vollpanne *adj (blöd, bescheuert)*
GB stupid, bonkers
USA to be crazy, nuts, loony, wacko
F naze, teubé
E tonto del culo
Mein Nachbar ist vollpanne.
GB My neighbour is totally bananas.
USA My neighbor is loony.
F Mon voisin est naze [*o* teubé].
E Mi vecino es tonto del culo.

vorbeischnicken, vorbeischnippen *vi (vorbeikommen)*
bei jemandem vorbeischnicken
to drop by, to pop in
F rabouler chez qn
E hacer una visita

Vorstufe *f (Flirt)*
GB (first) move
F drague *f*
E ligue *m*

wacken *vi* 1. *(feiern)* 2. *(Freunde treffen)* 3. *(kiffen)* 4. *(losgehen, sich beeilen)*
(GB) 1. to celebrate, to party; 2. to hang with friends; 3. to smoke pot; 4. to get your skates on
(USA) 1. to get my johnny's blaze on, to go and get fried; 2. to hang with friends; 3. to light up a joint/reefer; 4. to step on it
(F) 1. faire la teuf; 2. se filer rancard avec des potes; 3. fumer; 4. speeder
(E) 1. ir de mambo; 3. fumar un porro, darle al petardeo
Lass uns wacken gehen!
(USA) Let's go and get fried!
(E) ¡Vamos de mambo!

Waldapotheker *m (Drogendealer)*
drugdealer
(USA) dope slinger, dope dealer, slinger, entrepreneur, pharmacist
(F) dealer *m*
(E) camello *m*

Wanztrammeln *nt (Bauchschmerzen)*
stomach ache, belly blues
(USA) upset stomach, Ghandi's revenge
(F) mal *m* de bide
(E) dolor *m* de barriga

Wasserstange *f*

'ne Wasserstange in die Ecke stellen *(auf die Toilette gehen)*

to drain the main vein

(GB) to go for a leak/slash, to syphon the python, to point percy at the porcelain

(USA) to piss, to shake the monkey

(F) aller pisser

(E) voy a cambiar el agua al canario

Wayne *(Wen interessiert das schon?, Na und, was soll's?)*

(GB) Larry

(USA) I guess, whatever

(F) Elle est chouette ton histoire!

Kennst du Wayne? Wayne interessiert es?

(GB) Do you know my friend Larry? Go speak to Larry!

(USA) Speak to my hand (because my ears won't listen)

(F) J'en ai rien à battre ! Je m'en bats les couilles !

(E) ¡Tresco, tres cojones me importa!

Weizenspoiler *m (dicker Bierbauch)*

beer belly

(USA) spare tire, beer gut

(F) gros bide *m*

(E) tripa *f* cervecera

Weltertränker *m (jemand, der viel weint)*
(GB) cry-baby, whinger, wimp, wuss, woofter, pansy, girl
(USA) cry baby, wussy
(F) pignouf *m*/pignouse *f*
(E) llorica *m*, llorón *m*

Würfelhusten *m (Erbrechen)*
chucking up, puking, throwing up, vomiting
upchucking, tossing one's cookies, kissing the porcelain god, hurling, blowing
(USA) chunks, heaving, ralphing, spewing
(F) gerbe *f*
(E) mareo *m*, vómito *m*

Wurstmensch *m (dickes Kind)*
(GB) fatty bum-bum, dumpling, porkie, porker, fatso, lard-arse
(USA) hobgoblin, flabby, tubby, bloater
(F) gros tas *m*, gros lard *m*
(E) bola *f* con patas

würsteln *vi (kacken)*
to shit
(GB) to lay a brick
(USA) to drop-a-load/take a dump/drop the kids off at the pool/pinch-a-loaf/
to tonkle
(F) couler un bronze, chier
(E) plantar un pino, cagar

Zappelbunker *m (Diskothek)*
club
(USA) (night)club
(F) boîte *f*
(E) disco *f*, discoteca *f*

Zeckenmatte *f (1. verfilzte Haare, Dreadlocks; 2. Tierfell)*
(GB) 1. dreadlocks; 2. coat, fur
(USA) dreads
(F) 1. dreadlocks *fpl;* 2. poils *mpl*
(E) pelo *m* rasta

Zeckentaxi *nt (Katze)*
(GB) tick taxi
(USA) pussy cat, flea-bag
(F) minou *m*
(E) gato *m*

Zickenalarm *m (viele launische, eigensinnige Mädchen)*
bitch alert
(GB) chicks' den, lesbian labs
(F) plan *m* chieuses
(E) plaga *f* de chicas insoportables

Zickenstall *m (Damentoilette)*
(USA) stock exchange
(F) chiottes *fpl* des meufs
(E) servicio *m* de chicas

zocken *vi (spielen)*
to play, to gamble
(F) jouer
(E) jugar
Zocken wir am Computer?
Fancy a game on the computer?
(USA) Wanna play some computer games?
(F) On s'fait un jeu [*o* des jeux] à l'ordinateur ?
(E) ¿Jugamos al ordenador?

Zockerweibchen *nt (Frau, die Computer spielt)*
(GB) female crack
(USA) female computer geek
(E) mujer *f* que juega mucho al ordenador
Susi kennt alle guten Computerspiele, die ist halt ein echtes Zockerweibchen!
(GB) Susi knows every phat computer game, she is a real (female) crack!
(USA) Susi knows all the good computer games, she's such a computer geek.
(F) Susi connaît tous les bons jeux sur PC, c'est une vraie pro.

zugetackert *adj (mit vielen Piercings)*
megapierced
(E) lleno de piercings

züngeln *vi (sich küssen)*
(GB) to pull, to snog, to score
(USA) to smooch, to suck face, to play tonsil tennis
(F) se rouler des pelles
(E) comerse el boquerón

Notizen

Notizen

Notizen

Notizen